정 민 영 의

미술책
기획노트

정 민 영 의

미술책
기획노트

정민영 지음

한국출판마케팅연구소

정민영의 미술책 기획노트 —— 차 례

나는 미술책을 이렇게 만들었다

"시인 김춘수는「꽃」에서 이렇게 읊었다. "내가 그의 이름을 불러 주기 전에는/ 그는 다만/하나의 몸짓에 지나지 않았다.//내가 그의 이름을 불러 주었을 때/ 그는 나에게로 와서/꽃이 되었다." 나는 '기획'을 생각하면 자연스럽게 이 시구 를 떠올린다. 내가 기획하면서 한 일이라고는, 하나의 몸짓에 지나지 않았던 것 에, 이름을 불러준 것밖에는 없다. 기획이란 이름을 불러주는 일이다."「책을 물감 삼아 세상을 그리다」〈기획회의〉 195호

그랬다. 나는 기획이란 하나의 몸짓에 지나지 않았던 것에 '이름을 불러주 는 일'이라고 생각한다. 기획을 하는 입장에서 보면, 세상은 공기와 기획의 재 료들로 가득 차 있다. 나는 그 무형의 잠재된 재료를 '몸짓'이라고 부른다. 몸짓 은 이름을 불러주기 전까지, 어딘가에 존재하지만 부재한다. 기획자는 존재하 지만 아직 부재하는 몸짓에 처음으로 이름을 부여하는 사람이다. 마치 마술사 가 모자에서 꽃을 꺼내듯 하나의 몸짓에서 새로운 책을 꺼낸다.

이 몸짓은 '관계' 속에서 의미를 가진다. 세상과의 관계에서 몸짓의 힘은 커 지기도 하고 초라해지기도 한다. 또 시대의 트렌드 앞에서 무기력해지도 하고 무기력했던 것이 베스트셀러가 되기도 한다. 같은 몸짓도 세상의 흐름에 따라 전혀 다른 모습을 띠는 것이다. 그러므로 기획은 하나의 몸짓을 찾아서 수요가 극대화되도록 그에 맞는 이름을 불러주는 일이다.

이 책은 서두에 인용한「책을 물감 삼아 세상을 그리다」의 '확장판'쯤 된다.

이미 그 글을 통해 내 이력과 기획에 관한 생각, 기획한 책 이야기를 대강 했다. 이 책은 그 글에 확대경을 들이대고 자세히 들여다본 결과물이다. 즉 내가 이름을 불러주어서 '꽃'이 된 책들에 관한 이야기인 셈이다. 꽃이 된 몸짓과 꽃을 만드는 과정을 되짚어가며, 사람과 사람 사이, 사람과 세상 사이에 미술로 새로운 삶을 제안하는 '미술 대중서'('역사 대중서'라는 말을 사용하듯이, 미술 전공자를 겨냥한 책이 아닌 일반인을 겨냥한 미술책을 일단 이렇게 부르자) 기획의 한 방식을 나눠보고자 했다. 그러므로 이 책은 어디까지나 저자와 책과의 만남에 관한 체험적인 기획이야기다. 본문에 들어가기에 앞서, 앞으로 선보일 책들이 어떤 배경과 생각에서 태어난 것인지 약간 언급하고자 한다.

미술 전공에서 미술출판으로 ⋯⋯⋯ 나는 미술대학 출신이다. 출판사 편집자로 사회생활을 시작했다. 그리고 미술잡지사 기자, 편집장을 지냈다. 2001년 4월부터는 미술전문출판사를 '운전' 중이다. 이런 이력을 밝히는 데는 그만한 이유가 있다. 내가 지금 하는 미술출판 일이 이들 경험에 뿌리를 두고 있기 때문이다. 운이 좋았다. 사랑하는 미술과 책으로 밥벌이를 하고 삶을 꾸리게 되었으니 말이다.

　학생시절, 내가 여느 미대생과 차이가 있었다면, 책을 엄청 좋아했다는 것, 문학에 매료되어 시·소설·문학이론서 등을 '무지막지' 읽었다는 것, 그리고 남몰래 습작을 하고 신춘문예 열병을 앓았다는 것쯤이다. 예비화가로서 미술작업을 하는 한편, 다양한 분야의 책을 탐독했다. 고흐나 이중섭의 그림을 미술세계의 대표적인 이미지로 생각했던 내게 '현대미술'은 '괴물'이었다. 인문학적인 지식 없이는 현대미술은 이해 불가능한 난수표였다. 그래서 각종 미술이론서와 철학서, 동서양의 고전, 사회과학서 등을 읽고 또 읽었다. 서서

8

히 어둠이 걷혔다.

　독서가 생활이 될수록 글을 쓰고 싶었다. 미치도록 시 습작에 매달리는 한편 미술비평을 넘보았다. 흔히 말하듯 감성의 세계와 이성의 세계를 넘나든 셈이다. 그림 그리기만이 아니라 이론과 글쓰기로도 미술을 할 수 있다는 사실을 알았을 때, 나는 비평의 세계로 깊숙이 잠수해갔다. 그런데 마땅한 미술 쪽 비평 입문서가 없었다. 문학비평 쪽을 기웃거렸다(당시 테리 바렛의 『미술비평, 그림 읽는 즐거움』 같은 비평 입문서가 있었다면, 덜 헤맸을 것이다). 김현, 김윤식, 백낙청, 유종호, 김우창 등의 평론집과 문학 연구서들을 접했다. 문학평론서는 물론 '평론'이라는 단어가 붙은 책은 닥치는 대로 읽었다. 시와 소설도 꾸준히 복용했다. 차츰 비평에 눈을 떴다. 현재 간간이 미술 관련 글을 쓰고 있지만, 내가 미술평론가의 꿈을 접은 것은 미술잡지 일을 하고서부터였다. 미술 관련 기사를 쓰고 평론가들을 만나고 원고를 받으면서 평론을 하겠다는 꿈은 광채를 잃어갔다. 지금은 다양한 평론의 독자로서 만족하고 있다.

　실제 그림 작업을 했던 전공자로서의 감각과 독서 경험, 미술잡지사에서 배운 대중적인 글쓰기 등의 경험은 지금 하고 있는 미술출판에 바탕이 되었다. 기획자의 자질 가운데 하나가 해당 분야에 정통하고 인접 분야에 대한 기초적인 지식을 갖추어야 하는 것이라면 나는 비교적 운이 좋은 편이다. 내가 직관적으로 미술 관련 원고나 재료의 '물건' 여부를 판단할 수 있는 것은 이런 '기구한' 이력 때문이다. 그래서 별도의 기획서를 꾸미는 과정을 생략하는 경우가 많다. 원고와 재료가 '물건'이라고 판단되면 자동적으로 책의 전체 모양새가 눈앞에 펼쳐진다.

미술의 대중화를 위한 두 가지 생각 ········ 미술출판을 하는 입장에서 내 관심은

9

'미술의 생활화'다. 일반인이 생활 속에서 미술을 즐길 수 있게 하자는 것이 출판의 방향이다. 그래서 미술을 보여주되, '어떻게 보여줄 것인가'를 다각도로 고민한다.

이런 관심은 미술잡지 기사 기획의 연장선에 있다. 미술잡지는 미술에 관심 있는 독자를 위해 존재한다. 그래서 철저하게 독자를 위한 기획을 하고 글쓰기를 한다. 독자가 흥미를 가지고 전문적인 지식을 습득하기 편하게. 달마다 평균 서너 건의 기사를 기획하고 실행한다. 지금도 그렇지만, 당시 미술계의 화두 가운데 하나는 '미술의 대중화'였다. 지겨울 정도로 이 말을 '듣고', 또 '하고' 사는 쪽이 미술잡지다. 그만큼 미술이 일반인과 유리되어 있다는 뜻이다. 미술 대중화의 길을 모색하는 각종 미술 행사와 동향을 주목하면서 글쓰기 역시 다양화했다. 재미없는 기사체의 기사가 아니라 편지 형식, 경어체 사용 등 독자에게 어필할 수 있는 글쓰기를 시도했다. 내가 편집장을 하던 때였다.

미술의 대중화 전략은 미술출판으로 이어졌다. 동일한 미술 정보도 어떤 방식으로 재미있게 다룰까를 부단히 고민한다. 독자를 기다리기보다 먼저 독자에게 다가가는 친구 같은 미술책 말이다. 아트북스의 말랑한 책들은 이런 생각의 실천이다.

미술의 생활화에 대한 두 가지 대안도 '친구 같은 미술책' 만들기, 즉 독자에게 먼저 다가가기의 연장선에 있다. 독자 중심의 미술 보기와 '중간필자' 양성 문제가 그것인데, 이는 미술 대중화에 대한 생각을 바꾼 계기가 되었다. 그 이전까지 미술 대중화는 관람객의 입장보다 미술계의 입장에서 제시한 대중화였다. 장사로 치면 여전히 주인이 팔고 싶은 물건만 그럴듯하게 포장해서 내놓은 격이었다. 포즈만 미술 대중화였지 실상은 그렇지 않았다. 사람들은 여전히 미술을 어려워했다.

반면에 독자 중심의 미술 보기는 대중의 입장에서, 그들이 가장 잘 아는 시각과 방식으로 미술을 이야기한다. 즉 대중의 용어로 미술에 접근할 때 독자는 미술과 친구가 될 수 있다. 미술인 중심에서 독자(관람객) 중심으로 시각을 전환하자 새로운 세계가 열렸다. 비로소 입으로만 하는 미술의 대중화가 아니라 실현가능한 대중화를 실천하기 시작했다. 이런 과정은 결국 독자의 입장에서 기획하고 실천하기, 또는 독자의 입장에서 원고를 검토하고 보완하기로 요약할 수 있다.

다음으로 중간필자 양성 문제다. 미술이론 전공자들은 건조한 논문식 글쓰기에 익숙하다. 독자를 고려한 글쓰기를 구사하지 못한다. 그러다 보니 단행본 출판의 저자로는 푸대접을 받는다. 그런데 미술기자 출신인 이주헌의 경우, 매체의 성격에 따라 다양한 글쓰기를 구사한다. 투수가 타자에 따라 다른 구질을 선보이듯이 일간지나 월간지, 미술월간지, 다른 분야의 월간지, 도록, 어린이책 등 각 매체의 독자층을 고려하여 적절한 글쓰기를 하는 것이다. 그래서 저자로서나 필자로서 환영을 받는다. 반면에 일반적인 미술이론 전공자들의 글 스타일은 한결같다. 증명사진처럼 재미없는 글쓰기를 고수한다. 매체의 성격에 따라 글의 표정을 다양화하는 훈련이 부족하다.

나는 이런 현실이 안타까웠다. 그래서 미술이론 전공자나 관련 학과 관계자를 만나면 틈틈이 중간필자 양성을 역설한다. 이들에 의해서 미술계 안쪽에 축적된 전문지식이 일반인에게 효과적으로 유통될 수 있기 때문이다. 미술이 미술계에서만 유통되는 내부 문건이어서는 안 된다. 전문가와 일반인 사이에서, 전문적인 정보를 이해하기 쉽게 풀어주는 메신저로서 중간필자의 역할은 미술의 대중화와 생활화를 위해서도 절실하다.

이 두 가지 사안은 내 관심사이자 아트북스가 걸어온 길이다. 지금까지 아트북스의 책은 한편으로는 이런 생각을 실천함으로써 나온 것이다. 첫 책을 낸 저자들이 많은 것도, 번역서보다 국내 저자의 책이 많은 것도 이런 이유에서다.

2000년을 전후한 미술책의 표정 ········ 이제 2000년을 전후로 한 미술책의 특징을 살펴보자. 거칠게나마 2000년 이후에 출간된 책과 그 이전의 책(편의상 '옛날 미술책'이라 하자)을 비교해보면, 양쪽의 특징이 분명하게 드러난다. 옛날 미술책은 분량이 많아서 두껍다. 또 좁쌀처럼 작은 글씨가 빼곡하다. 도판도 대부분 흑백으로, 미술 전공자를 위한 교재 성격이 강한 책이다. '대중서'라고 할 만한 책은 드물었다. 『현대미술의 반성적 이해』박용숙, 집문당와 『현대미술을 보는 눈』김해성, 열화당 정도가 그나마 읽는 재미가 쏠쏠한 대표적인 미술 대중서였다.

　그 밖의 책들은 대체로 근엄한 편이었다. 미술대학에서 교재로 사용한 책들이 그랬다. '비만한' 체형과 빼곡한 글자가 부담스러웠다. 경상도 사내처럼 무뚝뚝하기 짝이 없었다. 시험과 리포트 작성 때문에 의무적으로 읽긴 했지만 고역이었다. 재미있고 친절한 미술책을 만들고 싶어 하는 데는 이런 경험도 작용한다. 나는 잡지처럼 재미있는, 그래서 갖고 싶고 읽고 싶은 책을 만들고 싶다.

　반면에 2000년에 가까워질수록, 또 2000년대가 깊어질수록 대중적인 미술책이 많아지고 있다. 교재용으로 작정하고 만든 책과 대중서의 구분도 확연하다. 옛날 미술책은 양자의 구분이 거의 없었다. 컬러텔레비전의 보급과 인터넷의 확산으로 미술책 출판에도 변화가 생겼다. 우선 예전에 비해 책의 두께가 얇고, 글씨도 크고, 페이지마다 글자 수도 적다. 무엇보다도 도판의 색상이 화려해지면서 책이 애교가 많아졌다. 미술 전공자보다 일반인을 겨냥한 책들이다.

예술기행 형식의 미술책 증가, 미술시장 관련서의 증가, 다른 분야와 미술의 접목, 책의 팬시화 경향 등이 두드러지는 반면, 도판저작권 사용료 부담으로 인한 현대미술 관련서의 '저출산 현상'이 깊어지고 있다. 특히 후자는 국내 미술출판이 풀어야 할 난제가 아닐 수 없다.

책은 기획되는 것이다 ········· 나는 앞에서 잡지처럼 재미있는 책을 만들고 싶다고 했다. 이런 생각을 하기까지는 책에 대한 근원적인 의문이 크게 작용했다. 일반적으로 책은 앞표지(표1), 앞날개(표2), 뒷날개(표3), 뒤표지(표4), 속표지(도비라), 차례, 저자의 말, 본문, 찾아보기, 판권 등으로 구성된다. 나는 책을 볼 때마다 원래부터 책이 이런 형식으로 생겨먹은 것인지 의심스러웠다. 왜 그런지, 또 왜 그래야만 하는지 궁금하기 짝이 없었다.

우리는 일반적으로 속표지와 차례의 역할, 저자의 말과 판권의 존재 이유, 본문을 장章·부部로 나누는 까닭 등에 관해 깊이 생각해보지 않는다. '책의 형식이 원래 그렇다'는 말을 곧이곧대로 수용하고 만다. 하지만 책에 관해 의문을 품고 보면, 그 이전과 이후가 같을 수 없다. 알려진 것처럼 책은 처음부터 지금 같은 형식은 아니었다. 인간의 심리구조에 가장 부합하게끔 진화를 거듭한 결과, 지금과 같은 형식으로 정착되었을 뿐이다. 그래서 우리는 이런 생각과 만날 수 있다. 책의 형식은 인간의 심리구조와 쌍둥이다!

존재의 근원에 대한 의문은 생각과 행동에 자유를 준다. 책도 마찬가지다. 형식의 존재 이유를 알고 나면 책 만들기가 한없이 자유롭고 즐거워진다.

내가 출판동네에 첫발을 들여놓았을 때, 편집부 출입문에 붙어 있던 구절

이 있다. "책은 쓰여지는 것이 아니라 편집되어지는 것이다." 편집의 중요성
을 강조한 말이다. 나는 편집자 생활을 하면서 '편집의 마술'을 실감했다. 그런
데 기획을 하면서부터는 그 구절에 이렇게 덧붙이곤 한다. "아니다, 책은 편집
되어지기 전에 기획되는 것이다."

이 책이 나오기까지 ……… 이 책은 격주간 출판전문지 〈기획회의〉에 '정민영
의 생생기획노트'라는 꼭지명으로 총 24회 동안 연재(2007.5.20~2008.5.5)했
던 내용을 바탕으로 한 것이다. 여기에 단행본 작업을 하면서 서문과 부록을
추가하고 시의성이 떨어지는 부분을 손질했다.

　애당초 연재는 한국출판마케팅연구소 한기호 소장의 제안으로 이뤄졌
다. 연재가 끝날 무렵 한번 뵌 것 외에, 직접 인사를 나눈 적이 없었다. 그때 나
는 평소 한 소장의 책과 한국출판마케팅연구소에서 출판한 책들을 탐독하면
서 출판에 대한 안목을 키워온 처지였다. 그런 마당에 연재 제의를 받았으니,
그것만으로 영광이었다. 그러나 선뜻 '하겠다'는 답을 하지 못했다. 알다시피
제 입으로 자기 출판사의 기획·편집 이야기를 털어놓기란 민망하고 부담스럽
고 부끄럽기 그지없다. 무엇보다도 신경이 쓰이는 건 저자와의 관계였다. 선
의의 취지로 조심스레 이야기를 한다고 해도 저자의 심기를 건드리기 쉽다.
또 드러내놓고 아트북스의 책을 자랑하는 것 같은 민망함도 있었고, 대부분이
기획방향을 간단하게 작성하거나 이메일로 간단히 전송하는 식으로 진행한
탓에 체계적인 양식에 기초한 기획·편집이 궁금한 독자에게 무익할 것 같다
는 이유도 있다('간단히'라고 했지만 할 것은 다했다. 회사 소개, 기획 취지, 예상독
자, 원고방향, 원고량, 도판(저작권), 집필기간, 발행예상시기, 계약조건 따위를 이메
일로 전하거나 직접 만나서 이야기했다).

사실 책을 만들면서 벌어진 일은 묻어두고 가는 법이다. 그럼에도 한 소장은 연재의 필요성을 적극 설파했다. 다른 분야의 기획에 관해서는 어느 정도 알려져 있지만 미술출판의 경우 베일에 가려져 있다시피 하다는 것, 따라서 아트북스가 일반 독자를 상대로 미술책을 적극적으로 기획하는 만큼 이 분야의 지형을 파악하는 데 샘플이 될 수 있다는 것이다.

연재 후 출간 제의를 받았을 때도 나는 망설였다. 역시나 저자들의 눈치를 보지 않을 수 없었다. 저자로서는 숨기고 싶은 이야기인데, 그것을 독자에게 접근성이 강한 단행본으로 시시콜콜 공개하는 것이기에 더 그랬다. 만약 저자들이 책을 읽는다면 불편할 것이다. 물론 나는 저자와의 작업이 즐거웠기에 경험담 공개가 싫지 않았지만, 저자는 마음이 편치 않을 것이었다. 그래서 고민해보겠다며 구렁이 담 넘어가듯이 시간을 보냈다. 그러던 몇 달 후, 재차 출간 제의가 왔다. 이미 출간은 물 건너갔다고 생각하고 있었는데 연락이 온 것이다. 순간, 이 원고는 책으로 내야 할 '운명'인 것만 같았다. 나는 그 운명을 받아들였다.

먼저 세 가지만 양해를 구해야겠다. 첫째는 이 책에서 언급한 책들은 내가 관계된 아트북스의 책이라는 점이다. 책의 모태가 된 연재물의 방향이 체험적인 기획이야기여서, 결과적으로 그리되었다. 둘째, 꼭지마다 글의 길이가 다른 데에도 이유가 있다. 처음에는 연재를 할 때, 다양한 도판을 게재하여 이해를 돕고자 몇 차례 분재를 했다. 하지만 지면 관계상 도판을 실을 수 없었고, 결국 책 한 권을 한 차례만 소개하는 식으로 진행했다.

셋째, 여기 소개한 책들은 출간 시기가 꽤 지난 '구간'이란 점이다. 아트북스의 책이 100종을 넘어선 지 꽤 된 일이고 보면, 이 책들은 비교적 초창기의 작품이다. 따라서 지금은 기획 주제도 기획 방식도 달라졌다. 아트북스는 편집자가 기획까지 할 수 있는 체제다. 교정 교열을 기본으로 하되 기획에서 편집, 마케팅 계획까지 세우는 시스템을 운용하고 있다. 젊은 편집자에게는 그들만의 감각과 안목이 있다. 나는 그들의 감각과 기획·편집 도서를 통해 많이 배운다. 미술작품을 감상하듯이 그들이 만든 책의 기획과 편집을 복기하는 과정은 흐뭇하기 그지 없다. 이제 내가 해야 할 일은 기획의 전면에 나서기보다 그들이 기획할 수 있게 환경을 만들어주는 것이라 생각한다.

실은 내가 해온 기획이란 것도, 현재 기획자들의 활동에 비춰보면 소극적인 편에 속한다. 요즈음 기획자들은 아주 적극적인 방식으로 아이템을 상품화한다. 예전처럼, 잡지 원고를 청탁하듯이 저자에게 주제와 방향을 알려준 뒤 마감일에 원고가 입고되기를 기다리는 것이 아니라, 저자와 부단히 교류하며 예상독자의 구미에 맞게 원고 생산에 주력한다. 저자 선정도 필력이 검증된 사람만을 찾지 않는다. 함께 작업할 저자의 역량만 탐스럽다면, 다소 필력이 떨어지더라도 저자의 장점을 극대화할 수 있는 방향으로 기획자가 적극 개입하여 옥동자를 받아낸다. 그런 만큼 이런 기획 방식은 독자 타깃이 정확하고, 높은 판매부수를 기대할 수 있는 '맞춤형'이 되는 것이다. 예컨대 영화감독이나 드라마 PD처럼 하나의 기획 아이템을 중심으로 저자와 일러스트레이터, 사진가 등을 일사불란하게 지휘하면서, 의도한 대로 원고와 시각자료를 끌어내고 책을 빚는 방식이다.

본문은 편의상 전체 3부로 구성했다. 1부는 비교적 긴 글들이다. 연재할 때 4회 혹은 2회씩 연재한 책들에 관한 이야기다. 2부는 일종의 시리즈물이다. '조정육 동양미술 에세이' 시리즈, 그리고 두 권으로 구성된 '화가처럼 생각하기'와 화가의 아내들에 관한 이야기다. 3부는 색다른 방식으로 기획한 책들이다. 화가의 화가이야기, 러브레터 형식의 그림이야기, '조삼모사'의 편집이야기, 투고 속에서 건진 원고 이야기, 절판도서 재생기 등이 그것이다. 이런 구성에 특별한 사연이 없는 만큼, 마음이 가는 글부터 읽으면 된다.

한 권의 책이 나오기까지 우여곡절이 없을 수 없다. 이 책도 마찬가지다. 간혹 진행 과정을 단순화하고 이야기를 과장한 대목이 있다. 재미를 주기 위한 하나의 조치였다. 이런 점이 저자들의 심기를 건드렸다면 전적으로 나의 잘못이다. 너그러운 양해를 구한다.

끝으로 책에 소개된 저자들과 아트북스의 전현직 편집자와 디자이너들, 미술출판의 길을 열어주신 문학동네 강태형 사장님, 한국출판마케팅연구소 한기호 소장님과 김지영 부장님, 원고를 읽고 조언해준 최물리에게 깊이 감사 드린다. 그리고 이 책이 사랑하는 '썬'에게 작은 선물이 되었으면 한다.

2010년 봄 정민영

1부

저 자 의 발 견

체형으로 본 '서늘한 미인'

독자는 감동의 크기로 한 권의 책을 기억하지만 기획자나 편집자는 만드는 과정으로 책을 기억한다. 저자와 나눈 크고 작은 충돌 때문에 애증이 교차하는 책이 있는가 하면, 저자와 호흡이 척척 맞아서 사랑스러운 책이 있다. 내게도 저자와 함께한 과정이 즐거웠던 책이 몇 권 있다. 류승희의『화가들이 사랑한 파리』와 박정민의『경매장 가는 길』, 조정육의『그림이 내게 말을 걸어왔다』, 그리고 김지은의『서늘한 미인』등이다. 이들 책은 조정육을 제외하면 단행본을 써본 경험이 없는 저자의 책이라는 점과 함께 저자와 대화를 많이 나누며 만들었다는 공통점이 있다. 특히『서늘한 미인』은 떠올리는 것만으로도 가슴이 서늘해진다.

"화가들은 한번만 보면 자꾸만 보고 싶어지는 미인 같다. 그 미인들이 서늘하게 느껴지는 건 그들이 불온한 꿈, 불가능한 꿈을 꾸기 때문이다."『서늘한 미인』뒤표지

이 책은 현대미술의 매력에 빠진 MBC 김지은 아나운서가 우리 시대의 젊은 화가 21명의 작품을 맛깔스럽게 소개한 것이다. 강영민, 낸시 랭, 함진, 이동기, 최우람, 권오상 등 책에 실린 작가는 지금 미술시장에서 잘 나가는 비교적 '비싼 몸'들이다. 그만큼 작가 선택에도 저자의 안목이 발휘되었다는 뜻이다.

커피숍에서 원고에 취하다 ⋯⋯⋯『서늘한 미인』을 생각하면 한 커피숍이 떠오른다. 경기도 일산 동구 정발산 역의 롯데백화점 9층에 있는, 지금은 주인과 인테리어가 바뀐 커피숍에서『서늘한 미인』의 갓 나온 원고를 검토하며 예술가 기질이

농후한 저자의 열정에 취하곤 했다. 저자는 원고를 몇 차례로 나누어서 보내왔다. 업무를 보고 야근하는 틈틈이 집필한 원고였다. 나는 이메일로 받은 원고를 출력해두었다가 퇴근시간에 곧장 그 커피숍으로 가서 창밖의 어둠이 먹먹해질 때까지 원고를 읽었다.

글이 좋았다. 문장의 이목구비가 반듯했다. 자기시각도 분명했다. '글을 아는 사람'의 솜씨였다. 무수한 미술평론과 미술에세이와 미술 관련서를 맛본 입장에서, 가슴을 뛰게 하는 글을 만난 것은 오랜만이었다. 한 달음에 읽기가 아까웠다. 틈틈이 창밖의 야경을 굽어보며 사탕을 녹여 먹듯이 천천히 내용을 음미했다. 매번 밤 10시가 가까워지곤 했다.

한 번에 두세 편, 또는 서너 편씩 보내온 원고를 탐독하며 뜻이 아리송한 문장에 밑줄을 치고, 보충할 내용과 삭제할 문장에 표시를 했다. 그리고 다음날 전송하면 2,3일 후에 수정된 원고가 도착했다. 원고는 단단하게 조율되어 있었다.

서늘한 미인과 만나다 ········ 저자와 처음 만난 곳은 홍익대 근처였다. 저자가 MBC사보에 미술 관련 글을 쓴다는 정보를 예전에 들은 바 있었고, 그 원고를 찾아서 읽은 터였다. 그리고 아는 작가를 통해 연락을 취해보라는 이메일을 받고 미팅을 잡은 것이다. 주로 원고와 관련된 이야기를 나누었다. 원고의 방향과 글 스타일, 기타 도판저작권 관련 이야기도 주고받았다. 저자는 단행본용 원고는 처음부터 다시 쓰겠다고 했다. MBC사보의 연재 원고는 버리겠다는 것이다. 나는 좋다고 했다. 대신에 개인적인 체험을 버무려서 독자의 흡입력을 높이자고 했다. 저자가 방송인이다 보니, 독자는 분명 저자에 관해서도 궁금해 할 것이었다. 글 스타일은 경어체로 해도 괜찮다고 했다. 또 '팁Tip'을 부탁했다. 내게 들려준 일화 중에서 흥미로운 것들을 그대로 쓰면 되겠다고 했다.

저자는 아나운서였지만, 첫 월급으로 미술품을 구입한 후 12년 동안 미술품을 수집해온 컬렉터였다. 게다가 늦깎이 학생으로 대학원에서 예술학을 공부하고 있었다. 2008년에는 뉴욕 크리스티 대학원에서 미술시장, 감정, 경매, 미술이론에 이르는 폭넓은 공부를 마쳤다. 미술품 수집 경험과 작가와의 친분, 그리고 전문적인 미술지식은 원고의 장밋빛 미래를 예감케 했다.

저자의 의견을 최대한 수용하는 쪽으로 책을 만들겠다고 했다. 가장 뛰어난 기획자는 저자인 까닭이다. 역량 있는 저자를 만날 때 기획자는 그가 가진 아이디어를 끌어내는 데 최선을 다해야 한다. 사실 속으로는 한젬마의 책 스타일을 발전시킨 기획안을 염두에 두고 있었다. 하지만 대화를 나누면서 그 기획안은 폐기처분했다. 미술에 대한 저자의 열정과 생각을 그대로 책으로 담아내고 싶었다.

내 생각은 정확했다. 계약서를 주고받은 지 얼마 지나지 않아 놀랍게도 성과가 있었다. 약속한 날짜에 첫 원고가 입고된 것이다. 호박씨를 물고 온 흥부네 제비보다 더 반가웠다. 일정 준수와 쉽고도 정확한 문장 구사에서 저자의 직업의식을 읽곤 했다. 정확성은 아나운서의 기본이자 생명이지 않을까.

저자는 단단한 필력의 소유자로 글발이 보통이 아니었다. 이동기의 작품세계에 관한 글(「소설 아토마우스」)은 작가의 전 작품을 '소설'로 재구성하여, 개별적인 작품들을 한 편의 이야기로 일목요연하게 보여줄 정도다. 언뜻 방송 아나운서라고 하면, 유명세가 있으니까 글발은 다른 사람의 도움을 받으면 된다고 생각할 수 있다. 나 역시 저자와 작업하기 전까지 그런 생각을 하고 있었다. 그런데 저자는 이런 편견을 말끔히 씻어주었다.

색다른 본문 구성으로 간을 맞추다 ········· 『서늘한 미인』은 경어체의 맛깔스런 글발을 살리기 위해 본문 구성에 각별한 신경을 썼다. 그런 만큼 편집하기에 따라 책이 어떻게 달라질 수 있는지 '표나게' 보여준다. 다음은 2004년 8월 11일쯤, 책의 본문디자인에 관해 저자에게 보낸 이메일의 일부다. '미셸'은 저자의 닉네임이다.

"미셸님, 방금 본문디자인 샘플을 확인했습니다. 3종의 샘플 중에서 1개를 골랐는데, 그 3종의 샘플은 이렇습니다. 1) 님의 의도대로, 각 글의 앞쪽에서 전체 작품을 일괄적으로 보여주고, 그 뒤쪽에 글을 배치한 것. 2) 앞쪽에 글을 배치하되 중간중간에 그림을 삽입하면서, 전체 작품을 뒤쪽에 배치한 것. 3) 글 중간중간에 작품을 배치한 것.

가장 좋아 보이는 건 '1)'이었습니다. '2)'는 앞쪽에서 볼 것(읽을 것)을 다 보고(읽고) 나니, 뒤에 붙은 '전체 작품'이 군더더기 같아서 보기 싫더군요. '1)'은 이와 반대였습니다. 앞쪽에서 전진 배치된 작품을 감상하다 보니 자세한 이야기가 궁금해져서 뒤에 붙은 글을 읽게 되는, 그런 디자인이었습니다. '3)'은 말씀드릴 필요도 없이 '아니올시다'였습니다."

편집의 힘으로 독자의 시선을 작품에 집중시키기 위해 본문디자인을 세 종류로 만들었고, 그 가운데 하나를 선택했다는 내용이다. 그렇다면 본문은 어떤 방식으로 구성했을까?

첫 번째, '도판+본문' 형식의 구성이다. 이메일에서 언급한

'1'의 구성 방식이기도 하다. 각 작품도판을 먼저 보여주고, 이어서 본문원고를 보여준다. 독자는 작품을 먼저 감상하고, 그 다음에 본문을 읽게 된다. 이 경우는 앞쪽에 배치된 도판이 의미를 가진다. 반면에 도판이 본문 뒤에 배치될 경우 도판은 거의 힘을 쓰지 못한다. 구성의 긴장감이 뚝 떨어지는 것이다. '도판+본문' 형식의 구성이 되면, 독자는 도판 이미지를 머리에 담고 본문 읽기로 들어간다. 본문을 읽는 순간, 먼저 본 도판이 본문과 결합하면서 작품과 작가에 대한 전체적인 이미지가 형성된다. 이것이 중요하다. '조삼모사' 격일 수도 있다. 하지만 그 '조삼모사'식 디자인이 책의 생사를 결정할 수도 있다.

두 번째, '본문+팁'이다. 이 경우 '팁'이 더 관심을 끈다. '예술의 발견'이라는 팁 꼭지명 아래 4편의 짧은 원고를 배치했다. 「'미셸'의 정체를 밝혀라」「장님으로 천년, 눈 떠서 천년 항아리 안에 살다」「스위스에서 온 비밀편지」「안젤리나 졸리의 배꼽 아래」가 그것이다. 여기서 팁의 목적은 독자가 작가에 대한 관심이 많지 않을 경우 팁에 흥미를 느껴 다시 본문을 읽고 싶게(작가와 만나고 싶게) 만드는 장치이기도 하다. 이런 의도에서 보자면 『서늘한 미인』의 팁은 성공적이었다. 흥미로운 내용으로 독자를 유혹하는 데 부족함이 없었다.

말이 나온 김에 '팁'의 일반적인 기능을 살펴보자. 팁은 본문과 다른 또 하나의 텍스트다. 즉 팁이 있는 책은 본문 텍스트와 팁 텍스트라는 2개의 텍스트가 한 권이 된 형식이다(1+1전략). 따라서 독자는 책 한 권으로 2개의 텍스트를 맛볼수 있다. 팁의 이런 기능을 적극화하기 위해서는 팁을 기획할 때 전략적으로 접근해야 한다. 만약 각 장이나 부 뒤에 붙일 팁을 4개 정도 준비했다면, 기승전결의 형식이든, 본문 내용을 돕는 가벼운 일화든, 저자 개인의 이야기든 팁의 내용을 한 가지 스타일로 정리할 필요가 있다.

세 번째, 색다른 작가 약력 표기다. 일반적으로 작가의 경력에는 출생연도,

출신학교, 수상경력, 전시경력 등의 정보를 담는다. 이 책은 이런 약력 표기를 거부한다. 작가에 대한 짧은 인상기를 싣고, 이메일이나 홈페이지 주소를 표기하는 식이다. "제가 처음 함진님을 놓친 것이 사루비아다방에서라고 말씀 드렸죠? 그런데 온라인 사루비아다방에서는 언제든 그와 차 한 잔 할 수 있어요. 더군다나 회원들 중 예술가가 많아 독특한 분위기를 느낄 수 있습니다. 최신 작품 자료들도 잘 올려져 있는 것은 물론이구요. 함진님의 온라인 카페 주소는 cafe.daum.net/sarubiacafe입니다."

이런 방식을 채택한 것은 작가에 대한 장황한 소개가 작품 감상에 방해가 되기 때문이다. 그래서 순수하게 작품을 접하고, 만약 화가가 궁금하면 이메일로 직접 질문을 하거나 화가의 홈페이지를 방문해서 더 많은 작품을 접하라는 뜻이다. 돌이켜보면 저자는 아주 멋진 '삐끼'였다. 도판과 본문으로 독자를 유혹한 뒤 작가의 홈페이지를 독자에게 건네준다, 나도 생각지 못한 방법이었다. 어쩌면 저자의 원래 관심은 작가의 홈페이지로 독자를 연결하는 데 있었는지도 모른다. 도판+본문은 작가의 홈페이지 주소를 알려주기 위한 너스레가 아니었을까.

네 번째, 책의 사용법이다. 본문 앞에 붙인 「서늘한 미인을 만나는 법」은 독자가 본문으로 진입하기 전에 알아둬야 할 사항이다. 제품의 사용설명서처럼 책을 효과적으로 보는 법을 안내했다. 작가들의 약력을 생략한 이유, 약력에 붙인 작가의 이메일이나 홈페이지 안내, 자신의 글은 독자의 작품감상에 그저 동행하는 친구였으면 한다는 이야기 등이다. '서늘한 미인'들과 제대로 사귀려면, 이 사용법을 반드시 읽어두는 것이 좋다. 말하자면 일러두기의 적극적인 포즈인 셈이다.

저자의 생각을 구현하다 ········『서늘한 미인』은 저자의 의도를 최대한 수용해 만들었다. 내 생각을 강요기보다 저자의 의견을 적극 수렴해 효과를 극대화했다. 일반적인 대중서에 비해 조금 덜 대중적인 점을 감수하면서도, 저자의 생각을 책에 반영했다. 작가와 작품을 알리기 위한 저자의 색다른 발상에 공감했을 뿐 아니라 그것이 나쁘지 않은 탓도 있었다. '조금 덜 대중적인 점'을 감수한 데는 저자가 방송인이라는 점도 작용했다. 게다가 미술에 관심이 많은 방송 아나운서였다. 독자는 일단 이런 사실에 호기심을 갖고 책을 뒤적일 것이기에, 다소 과감한 편집형식을 취해도 문제될 것이 없었다.

이 책의 아기자기한 편집과 구성은 저자를 닮았다. 저자가 어떤 사람인지 궁금하다면, 이 책을 '보면' 된다. 색다른 본문 구성과 편집디자인으로 저자의 이미지를 구현하고 싶었는데, 어느 정도 성취했다고 생각한다. 내가 느끼는 이 책의 체형과 체질은 곧 김지은 아나운서다.

기획자는 '어드바이저advisor'다. 컬렉터들의 취향과 성격에 맞게 작품목록을 구성하고 조언해주는 큐레이터나 아트딜러처럼, 기획자는 역량 있는 저자의 의도와 장점을 읽고 최대한 부가가치를 창출할 수 있게 어드바이스를 한다. 그것은 자기 취향을 저자에게 일방적으로 강요하는 것이 아니라 그 사람을 그 사람답게 해주는 것이어야 한다. 우리 주변에는 능력은 있는데 단행본의 생태를 몰라서 망설이는 예비저자들이 적지 않을 것이다. 그 잠재된 능력을 온전히 발휘할 수 있도록 이끄는 것이 바로 기획자의 몫이다.

소설
아토마우스

_이동기

'흑 별도」, 캔버스에 아크릴, 5/3×50cm, 가/0'

'휘난 빵」, 캔버스에 아크릴화, 53×77.9cm, 2006'오른쪽 페이지: 위 「게임」, 캔버스에 아크릴화, 32×43cm, 1999'/아래

'클랙마는 아토마우스」, 캔버스에 아크릴화, 60×120cm, 2003'가운데

'요발」, 캔버스에 아크릴화, 90.7×72.8cm, 2000'을 뒤바꿈

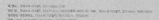

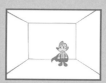

「크래셔」, 캔버스에 아크릴릭, 182×390cm, 1995
「링크 아토마우스」, 캔버스에 아크릴릭, 52×71cm, 2001(원본 페이지 위) '가상 청산댐', 캔버스에 아크릴릭, 182×130cm, 2001(가운데 두쪽) 「돌리」, 캔버스에 아크릴릭, 100×80cm, 1998(아래 오른쪽)

___ 아토마우스 실종사건

오랜만이야, 아토마우스. 이렇게 편지를 쓰는 건 처음이다. 그치?

네가 미술판에서의 오랜 수감생활을 견디지 못하고 탈주했다는 소식을 듣고서 이 편지를 쓰고 있어. 연일 인터넷과 신문, 심지어 오는 텔레비전 9시 뉴스에서까지 네가 대체 어디로 사라졌는지, 예상 도주로와 탈주 배경에 대한 분석기사가 넘쳐나. 탐문수사가 시작되었지만, 그 누구도 아토마우스 너의 정체를 아는 사람이 없는 거야. 그래, 난 늘 그렇게 감추려했어. 위나 말이 없던 너는 너 자신에 대해 거의 이야기하지 않았어. 늘 생각에 잠겨 있었지(생각하는 아토마우스). 너에 대한 단서를 그 어디서도 찾을 수 없게 되자, 당황한 경찰은 네가 완전 변신했던 '신장위', '수퍼맨'을 인터넷에 뿌려주고는 수배령을 내렸지. 난 괜히 웃음이 나왔어. 넌 잠깐이 될을 테니까, 또다른 모습으로 이미 변신했을 테니까. 그리고 네 앞로 다시 미술판으로 당당히 들어가는지도 몰라도 함께 들어가지면 않을

생각하는 아토마우스, 무신(?)
수퍼미, 캔버스에 아크릴릭, 72.5×53cm, 1999 또는(위)
(크래셔, (부분)아래)

거란 걸 난 알고 있어. 처음에 미술판에 들어갈 때도, 너는 일부터 큰 사고를 냈었잖아.

___ 어토마우스, 위상과 청연충돌

기억나니? '아토마우스, 위상과 정면 충돌(「크래쉬」)'이라고 신문마다 대서특필되었던 사건. '램' 이란 체육조로 남자 소변기 하나 달랑 두고 미술관을 미날먼 위상을 너는 늘 못마땅해했지, 작품은 없고, 작가의 말만 남았다면에. 넌 그런 위상을 향해 돌로의 질러 사고를 내버렸잖아, 그런 위상이 어찌 되었는지 모르겠어. 아직 건재하다는 소식도 있고. 웃음을 잃고 넌 한방하고 있단 얘기도 들리고. 어쨌든 넌 그 사고의 장본인이라는 이유로 미술판에 수감되었어. 사실, 미술판이라는 곳이 네 같은 초범을 바로 잡아 가둔 곳에 대해 말들이 많긴 했어. 너도 알다시피 미술판에 들어가고 기다리고 있는 수많은 작품들이 작은 사건 일으켰잖지. 수감되는 게는 실패했 잖아.

네가 나타났을 때 사람들은 경악을 금치 못했어. 감히 위상에게 덤빈 주 인공이 고작 아토마우스라니 컨테이크는 위아를 수 없는 생명력의 하나라 모분신의 모를 아토마우스가 강력 미술판에 순종도 아닌 아들은 미키마우스의 훈 혈족이 그것도 '만화' 집안 출신이니 그래. 정말 말이 많았어. 팬데믹와 뜻을

광개지고 디지털 카메라와 네트워크 장비를 마련했던 그들은 오로지 손으로만 작업하는 나를 타세석기를 사용하는 구석기 원시인 취급했었죠. 그런 너에게 뒤통수를 한방 먹은 모습이더라니……

기자들의 질문이 이어졌죠.

"평소 뒤샹에게 왜 앙심을 품었죠? 현대예술의 아버지인 뒤샹은 사고적이며 카리스마 있는 인물로 유명한 만큼 특별히 원한을 살 만한 관계를 만들지 않았을 텐데요, 다군다나 당신처럼 볼품없는 생쥐에겐 말이죠."

"당신이 달고 다니는 이름표 A는 무엇의 약자죠? 당신 이름 'Atomaus'를 상징입니까?"

"출생의 비밀에 대해 말이 많으니다. 항간에는 미국 제국주의의 상징 미키 마우스와 일본 군국주의의 상징 아톰이 한국문화를 지배한 데 대한 슬픔과 분노로, 홧김에 만들어졌다는 얘기가 있던데요?"

"아도마우스 당신이 오랫동안 정신분열에 시달려왔다는 게 사실입니까?"
(「가상 정신병」)

「가상 정신병, 부분(?)」
「하얀 방」, 부분(아래)

'3류 만화 집안 출신인 당신이 앞으로 미술관 수감생활을 잘 견딜 수 있겠습니까?'(「하얀 방」)

제법 심각한 질문들을 뒤로한 채 넌 귀여운 얼굴로 살짝 윙크까지 하며 정중 미술관 계단을 뛰어오를왔지. '글쎄요……'라는 한 마디만 남기고서. 그래, 정말 너다운 행동이었어. 넌 언제나 무언을 길게 설명하는 일이 없었거든. 그후로 '글쎄요……'라는 너의 한 마디는 어느 신문의 한 면끄리 기사도 되고, 1분 30초짜리 텔레비전 리포트가 되기도 하고 백억 원의 논문이 되기도 했어. 네가 한 거라곤 '글쎄요……'라는 모호한 대답뿐이었는데…… 그 한 마디를 가지고 사람들은 참 많은 걸 상상하고 해석하고 결론 내렸지. 이럴 때부터 널 알아온 나로서는 황당한 해석, 너에 대한 오독에 발끈하기도 했지만, 넌 입으로 너 자신을 절대 정의하거나 가두지 않았지. 넌 오히려 사람들이 어떤 해석을 하든 내버려두면서 즐기는 것 같았어.

___ 왜 사과는 되고 틀리는 안 되죠?

그게 우리가 몇 살 때였더라? 초등학교 때였나? 우린 커다란 백지에 당시 열심히 보던 텔레비전 만화 주인공들을 그리며 놓곤 했었지. 그때 넌 '안 보고 생각나는 대로 한번 그려보자'고 하더니 미키마우스도 아니고 아톰도 아닌 이상한 얼굴을 그렸았어(「믹톰」). 난 이것도 저것도 아닌 그 어설픈 얼

. 굴을 보며 놀렸고 넌 쑥스럽게 웃으며 말했어.

"요즘 너무 만화를 많이 봤나봐…… 그냥 머릿속에 떠오른 대로, 내 손이 알아서 이렇게 막 그리더라……"

사실, 텔레비전뿐만 아니라 우리 주변에는 언제나 만화들로 넘쳐있어. 「보물섬」부터 「어깨동무」, 「소년신문」의 연재만화까지. 우린 그렇게 넘치는 이미지들이 당시 대부분 미국이나 일본에서 건너왔다는 사실도 몰랐어요. 그저 우리는 즐거웠고, 밥을 걸러도 만화를 거를 수는 없었어. 우리 모두 중독자이 있으니까.

그러던 어느 날 미술 과제로 정물을 그려오라는 숙제가 있었잖아. 정물이란 말이 어렵기는 했지만, 선생님이 청천한 5,6학년 언니 오빠들의 그림을 보면서 될 그려야 할지 감이 잡혔던 것 같아. 난 주전자를 그리고 대부분의 아이들은 사과 같은 과일을 그려왔어. 그런데 내가 그림을 펼치자, 선생님은 갑자기 한본 높은 목소리로 소리를 지르셨잖아.

"정물을 그리랬지, 언제 만화를 그렸니? 어휴, 이 녀석 매일같이 만화 보더니. 쯧쯧…… 다시 그려와!"

네 도화지에는 아기 공룡 둘리가 혀를 내밀고 있었지. 하지만 그 다음에도 그때 만화의 주인공이었던 보배를 그려왔어. 선생님에 넌 결국 손바

「믹톰」, 종이에 연필 드로잉, 1993

다을 맞았지만, 넌 꿈쩍도 안 하면서 조용히 말했어.

"왜 사과를 보고 그리는 건 되고, 만화를 보고 그리는 건 안 되죠? 집에 사과도 있잖구요, 선생님께서 주변에 있는 것들 중에 움직이지 않는 게 것물이라고 하셨잖아요."

어렸지만 난 네 말이 옳다고 생각했어. 일상의 기록이자 생활 방식의 기록인 정물에 사과나 주전자보다 더 가까웠던 만화가 빠진다는 건 말도 안 되잖아. 하지만, 너는 나중에 화가가 된 후에도 예술에 3류로 취급되는 만화를, 그것도 '베끼기'라는 3류 방식으로 계속 캔버스 위에 올렸어. 그래서 비난도 많이 받았지만, 난 언뜻 네가 생각났어. 1류를 지향하는 예술계에서 그런 뻔뻔한 용기 아니고는 할 수 없는 대단한 도전이었으니까.

___ 주흘글씨 A

그렇게 만화를 흡족하듯 봐댔던 우리는 중학생이 되어 조용필(「조용

「누가 잔쳐?」, 캔버스에 아크릴화, 117×91cm, 1996?(?)

펀」)의 노래에 열광하기도 하고 고등학교 시절 녹록 밴드(「록 밴드」)를 만들었다가 입주일 만에 해체되는 불운을 맞기도 했지. 모두들 대입준비에 한창이던 어느 날 넌 나에게 너새니얼 호손의 『주홍글씨』를 건네주었어. 너도 팽생 가슴에 A를 새기고 다닐 거라면서. 책을 다 읽고서 난 가슴이 불안하게 뭉클거렸어. Adultery, 간통의 약자 A를 너 같은 모범생이 가슴에 새기고 게다가 공개적으로 다니겠다고? 아니 제정신이야? 넌 왜 그런 생각을 했을까? 한동안 너의 불온한 발언에 늘 야단을 맞았잖아, 동창들로부터 네가 미대에 진학했다는 얘기를 들었지만, 난 내내 그 A가 맘에 걸려 널 만날 엄두가 안 났지.

그러다가 내가 처음 사고를 낸 기사를 보게 된 거야. 내가 검거됐고 그때 함께 발견된 위조수표는 정말 감쪽같았어(「수표」). 그런데 그 수표는 가까이에서 볼 때는 맨끈한 표면의 추상비슷을 보는 것 같은 작가이 들기도 하다가 멀리서 보면 어느새 추상은 사라지고…… 확실한 수표의 모습이 나타나더라구. 추상과 구상 그 모든 것이 한꺼번에 있는 듯했어. 그때 넌 다양한

미술 양식을 한꺼번에 다 갖고 있었어. 그러면서도 너 자신은 늘 껍테기일 뿐이라고 얘기했지. 다양한 외부들을 빛어진 아토마우스라는 무한 용량의 껍테기 속에 관객들은 많은 것들을 원하는 대로 채울 수 있고, 그러면 세상에는 서로 다른 수많은 아토마우스들이 탄생하게 되는 셈이지. 다양한 사람들만큼이나 다양한 아토마우스가 말이야. 둘리, 아톰, 미키마우스, 신장원, 조용필, 위홈, 달리, 색면 추상, 초현실주의, 프로이트, 뒤샹…… 넌 그 무수한 외부들과 다 연결되어 있었던 거지?(「거미」)

보통의 예술가들이 외부와의 단절을 선언하며 오직 작가 자신만의 개녀와 작품만의 고유심 그리고 자율성이라는 순결을 고민할 때, 넌 추저하지 않고 너의 모든 외부들과 간통한 셈이야. 넌 그 간통을 숨길 생각도 않고 대중문화와 미술의 직거래로부터 시작해서 너를 유혹하는 어떤 짓도 거절하지는 타고난 바람둥이야. 지금에서야 네 가슴에 늘 달고 다니는 A의 의미를 알 것 같아. 따식, 그런 걸 어떻게 고등학생 때 생각했는지 몰라.

「조용필」, 캔버스에 아크릴릭, 145.5×112cm, 1988(위) / 「록 밴드」, 두폰(아래)

「수표」, 캔버스에 아크릴릭, 약 40×90cm, 2002(왼쪽) / 「거미」, 두폰(오른쪽)

사라진 아토마우스

네가 미술관에서 사라지고 난 뒤 난 가끔 혼자 생각하곤 해. 네 가슴에 새겨질 A는 너 아토마우스처럼 껍데기뿐인 알파벳이라고. 사람들의 생각에 따라 Atomaus(아토마우스)일 수도 있고 Adultery(간통)일 수도 있고 말이 사고치길 좋아하는 너에겐 오히려 Accident(사고)의 A가 더 어울릴지도 모른다고. 뒤상과의 대형사고도 그렇고 이번의 과감한 탈주작도 그렇고 말이야. 아토마우스, 네가 앞으로 어떤 모습으로 되살아올지 궁금해. 아토마우스, 한 번도 부르지 않은 네 진짜 이름을 이제는 조용히 불러봐도 되겠니?
이동기.
아토마우스, 미홈, 둘리, 조용필, 프로이트…… 이 모든 껍데기들은 한때 너였고 지금의 너이고 미래의 너야, 실시간으로 네 모습에 따라 변화하는 리얼 타임 캐릭터, 너의 아바타들이야. 네 가슴에 새긴 A는 그러고 보니 또 변신중인 너의 Avatar(아바타)를 가리키는 것일지도 모르겠다는 생각이 든다.
이.동.기.
어떤 껍질로, 어떤 아바타로 변하든, 난 널 알아볼 것 같아. 하지만 사고하진 않을게, 탈주를 축하해. 잘 지내, 안녕.

주(註): 여기에 등장하는 모든 내용은 이동기님의 작품을 볼 때 무의식적 손길을 받거나, 제도 그를 통해서의 그의 작품을 보고 연상되게 되면 대표 '소설 아토마우스'를 통해 서평입니다. 순차적이 부정확함도 다시 한번 이 글과 사실을 절대 헷갈리지 마시고, 실제로 작가를 만나를 것도 본 적 전 될 인터뷰가 다양했습니다만, 참고로 그건 아직 송괴답니다.

원래 '소설 아토마우스'를 좀더 길게 잡았는데, 편집부의 실의(?)에 걸려서 비정부 일부만 실었음니다. 전체기는 무삭제 소설을 보여드려야겠어요. 그리고 저는 아직 누드 쏘마우스를 본 적이 없어서, 열린 비키니 입은 쏘마우스라도 그리는 게 어떨까냐고 제안해본 적이 있는데요. www.atomaus.com에서 전원기는 그 모습을 볼 수 있을지도 모르겠군요?

'서늘한 미인'의 몸만들기

『서늘한 미인』은 이메일의 결실이다. 저자에게 '작업'을 걸기 전부터 책을 출간할 때까지 손가락이 아프도록 이메일 품을 팔았다. 저자도 마찬가지였을 테다. 돌이켜보면 이 책은 이메일 덕분에 '착한 몸매'로 거듭날 수 있었다. 내가 이메일을 애용하는 건 전화 공포증 탓이다. 워낙 말주변이 없다 보니 전화할 때는 용건 외에 할 말이 없다. 그래서 전화통화보다 일종의 '필담'인 이메일이 편했다. 저자와도 이메일이 대화의 주요 통로였다. 저자는 틈틈이 인터넷을 확인한다고 했다.

이메일로 피운 꽃 ········· 나는 그동안 저자와 주고받은 이메일을 모두 보관하고 있다. 다만 2004년 7월 ○○일 이전의 이메일은 디스켓 고장으로 확인이 불가능하다. 그 이후부터는 저자와 주고받은 이메일이 순서대로 고스란히 살아 있다. 아나운서는 근엄하다는 편견과 달리 저자는 활달한 언어구사로 대화를 흥겹게 했다. 다양한 표정으로, 그처럼 재미있고 세련되게 이메일을 쓰는 사람도 드물 것이다.

  그 가운데 하나를 소개한다. 저자와 기획자 사이에서 책이 만들어지는 작업 과정을 생생하게 보여줄 수 있겠다는 판단에서다. 독자의 이해를 돕기 위해 원문을 일부 손질해서 싣는다. 2004년 7월 ○일자 이메일은 저자에게 보낸 답장인데, 단행본 편집과 도록 편집의 차이에 관해 길게 언급한 것이다. 이메일 내용을 소개하기 전에 이메일이 나오게 된 배경부터 밝혀두자.

  『서늘한 미인』은 '도록형 단행본'이라 할 수 있다. '도록형 단행본'은 미술작품을 소개하는 도록의 장점을 본문편집에 도입한 단행본이라는 뜻이다. 알다시피 도록은 작품 위주로 구성된다. 작품(도판)을 감상하는 데 방해를 주지 않기 위해 글을 한쪽으로 모으고 도판만 십수 페이지씩 펼쳐놓는 형식이다. 도판 위주로 편집하는 도록(팸플릿)의 장점을 벤치마킹한 것이 『서늘한 미인』이다. 그래서 이 책은 '도판＋본문' 형식으로 디자인되었다.

처음에 저자는 작품에 개인적인 설명을 덧댄 자신의 글이 오히려 감상에 방해가 될 것이라면서, 책에서도 도록처럼 작가들의 작품만 보여주고 싶다고 했다. 「서늘한 미인을 만나는 법」에서 "작품을 보는 데 방해가 되는 요소를 가능하면 없애려고 했습니다. 작품만 보세요"라거나 "그러고도 시간이 된다면, 그때 제 글을 그냥 쓰윽 한번 훑어보세요. (중략) 제 글은 작품 감상의 군더더기일지도 모릅니다"라고 적었다. 그만큼 작품 사랑이 지극했다.

나는 이메일을 통해 저자의 이런 생각에 몇 마디 덧붙였다. "물론 그런 점도 있습니다. 저자의 친절한 작품설명으로 인해 작품이, 님의 염려처럼 한 가지 의미로 고정될 가능성도 있습니다(님이 염려하는 것은 이 의미의 획일화, 닫힘이지요). 하지만 이렇게 생각할 수도 있지 않을까요. 독자는 님이 부여한 의미를 기점 삼아 무한한 상상의 나래를 펼 수 있다고 말입니다. 님의 의미부여가 의미의 획일화가 아닌 다양화의 시작점이 되는 것이죠."

작품을 생각하는 저자의 애정은 충분히 이해가 갔다. 하지만 많은 독자를 상대하는 단행본에서는 작품만 보여줘서는 안 된다. 자비출판이 아니라면 글과 작품이 공존해야 한다. 작품에 대한 저자의 '편애'는 아무래도 단행본과 도록의 차이점을 덜 고려한 데서 비롯된 듯했다. 그래서 저자와 이메일을 주고받으며 서로의 입장을 확인하고 그 격차를 좁혀갔다. 저자가 작품을 우위에 두었다면(도록 스타일), 나는 글과 작품의 공존에 무게를 둔(단행본 스타일)셈이다.

2004년 7월 ○일자 이메일

미셸님, 제가 지난달에 보낸 이메일 가운데 이런 대목이 있습니다. "작품을 방해하는 어떤 요소도(제 글도 포함해서) 본문에는 들어가지 않는 게 좋을 것 같"다는 님의 말이 무슨 뜻인지 애매합니다. 글의 중간에 도판을 넣지 말아달라는 뜻인지요? 이 문제와 관련해서 다음에, 다시 이메일을 드리겠습니다. 핵심은 단행본과 도록의 차이에 관한 것입니다.

지금 드릴 말씀은 위의 내용과 관련된 이야기이자, 님이 언급한 "책을 내는 데 필요한 덕목"에 관한 이야기입니다. 먼저 님의 말처럼 "작품을 방해하는 어떤 요소도(제 글도 포함해서) 본문에 들어가지 않"을 경우, 우려되는 점부터 살펴보겠습니다. 지난 만남 때, 본문에 중간제목을 다는 대신 '화끈한' 문장을 엄선하여 문장에 색을 입혀보자는 얘기를 했었지요. 저는 그런 방법도 괜찮다고 했습니다. 그런데 님의 말처럼 문장의 서체를 키우고 컬러풀하게('화끈하게') 한다고 하더라도, 본문이 도판 없이 글로만 편집되어 있다면, 독자가 지루해 하지 않을까 합니다. 각 글의 분량이 적지 않기 때문입니다. 제가 드린 책 가운데 황경신의 『그림 같은 세상』을 보시면, 적은 분량의 원고를 살리기 위해 '글 따로 그림 따로'인 편집을 확인할 수 있을 것입니다. 하지만 님의 글은 양이 제법 많기 때문에 글만 따로 배치할 경우 지루한 편집이 될 수도 있습니다. 더욱이 작품에 관한 구체적인 설명이 본문에 들어가 있어서, 글과 그림을 따로 편집할 경우 독자는 도판을 확인하기 위해 페이지를 뒤적거려야 합니다(가장 좋은 경우는 작품설명과 해당 작품을 함께 배치하는 것입니다). 이런 문제를 한번쯤 고민했으면 합니다. 만약 이번 책이 전시회용 도록일 경우에는 그렇게 해도 괜찮습니다. 하지만 단행본이라면 이야기가 달라집니다. 도록과 단행본의 차이 때문입니다. 이 양자의 차이를 이해한 후에, 님이 하고자 하는 '도록형 편집'(저는 일단 이렇게 지칭합니다)의 문제점을 생각해봤으면 합니다.

1. 도록은 단행본이 아니다: 아시다시피 도록은 일부 독자(해당 미술 전시회에 관심이 있는)를 대상으로 하는 특수한 책입니다. 작품도판이 책의 중심이 되는, 읽는 책이기보다는 보는 책이죠. 님이 만들고 싶은 책의 모델로 보여준 작가 문경원의 도록이 좋은 예입니다. 아주 잘 만들었습니다만, 역시 읽기보다는 보아야 하는 책이더군요. 일반 도록들처럼 도판과 글이 따로 편집이 되어 있는데다 글마저 시각적으로 편집되어 있어서 더 그렇습니다. 그 결과 가독성이 현저히 떨어집니다. 시각적으로 디자인된 그 글을 '보고' 스쳐 지나갈지언정, 멈춰서 읽어보기란 쉽지 않을 것입니다. 하지만 글이 중심이 되는 단행본은 다릅니다. 보기보다는 읽어야 합니다.

편집자 몇몇에게 문경원 도록 식으로, 단행본의 본문디자인을 하면 어떨 것 같냐고 물어봤습니다. 보는 맛은 좋아도 읽기는 어렵겠다는 것이 공통된 의견이었습니다. 또 이렇게 편집된 책이 출간되면 구입하겠냐고 물어보았습니다. "서점에 깔리면 펼쳐보기는 하겠지만 사지는 않을 것 같다." 그러면서 이렇게 덧붙이는 게 아니겠습니까. "이 도록처럼 만든다면, 독자의 지갑을 열 수 없을 것 같은데…." 저는 순간 멈칫했습니다. 사실 이 점은 책을 만들면서 가장 신경 쓰이는 부분 가운데 하나입니다. 출간된 책이 의미는 큰데, 판매까지 이어지지 않는 경우 말입니다. 언론의 호평을 받아서 책이 서점 판매대에 가득 놓여 있어도, 독자가 한번 살펴보고 다시 내려놓는다면 그처럼 불행한 일은 없지요. 그런 책들이 심심찮게 있습니다. 만들긴 잘 만들었는데 팔리지는 않겠구나 하는 책들 말입니다. 저는 편집자들에게, 저자에 대한 아무런 정보도 주지 않고 그렇게 물어봤던 것입니다. 지금도 귓전에 맴도는 한마디는 '독자의 지갑을 열 수 없을 것'이라는 의견입니다.

2. 단행본은 도록이 아니다: 단행본 본문 편집은 도록과 달리 읽게 만드는 힘이 있습니다. 익숙한 서체, 적당한 행간, 여백, 도판 등의 조화로 가독성을 높입니다. 또 유려한 본문디자인은 책을 만지는 것만으로도 기분 좋게 합니다. 알다시피 단행본은 다수의 독자를 대상으로 합니다. '평균 독자' 말입니다. 이 평균 독자는 도록형 편집과 서체(작은 고딕체)에 익숙하지 않은 이들입니다. 그들은 소설책처럼 신명조 10포인트 정도의 서체에 익숙합니다. 그래서 대부분의 단행본이 비슷한 서체나 크기, 판형을 사용하고 있습니다. 실험성 강한 디자이너들이 단행본에서 시각적인 쾌감이 큰 디자인을 시도하지 않는 이유도 단행본의 이런 생리 때문입니다. 간혹 도록형에 가까운 스타일의 책이 출간되기도 합니다만, 큰 재미를 못 본 것으로 압니다. '먹히지 않는다'는 것이죠. 평균적인 독자의 독서 습관과 어긋나 있기 때문이기도 합니다. 불특정 다수의 독자를 겨냥한 단행본 작업에서, 도록형 편집디자인을 꺼리는 이유는 이런 데 있습니다. 가볍게 생각하면 단행본이나 도록이나 글과 도판으로 구성돼 있기는 매한가지입니다. 하지만 현실은 그렇게 단순하지 않습니다. 독자는 익숙하지 않은 서체와 편집디자인

을 불편해하는 경향이 있습니다. 그래서 편집자와 디자이너는 미세한 차이를 두고 고민을 거듭합니다. 독자의 심리구조를 체계화한 물건이 책인 까닭입니다.

　독서는 '문장을 읽는 것'이 아니라 '디자인된 문장을 체험하는 것'입니다. 다시 말하면, 독자는 '디자인된 상태'의 책을 체험합니다. 그런 만큼 독자는 편집디자인된 형식 속에서 도판을 보고 글을 읽게 됩니다. 그래서 단행본에서는 익숙한 서체와 형식뿐만 아니라 도판과 본문의 유기적인 조화가 중요합니다. 결론적으로 저는 "작품을 방해하는 어떤 요소도(제 글을 포함해서) 본문에는 안 들어가면 좋을 것 같"다는 님의 말을 이렇게 이해하고 싶습니다. 작품에 방해가 되지 않게 본문을 편집했으면 한다, 또 디자인만으로도 갖고 싶은 책이 되었으면 한다는 뜻으로 말입니다. 이런 이해를 바탕으로, 일반적인 단행본의 틀에 도록형 편집디자인의 장점을 가미하여 님의 의도를 최대한 살려볼까 합니다.

　이런 내용의 이메일을 저자와 주고 받은 결과 『서늘한 미인』은 아기자기한 '도록형 단행본'('도판＋본문' 형식)으로 거듭날 수 있었다. 우리 시대의 젊은 화가 21명의 작품과 그 작품세계를 들여다본 이 책은 한마디로 보고 읽고 체험하는 책이다. 독자는 체험을 통해 작품을 만나고, 저자의 열정에 마음을 비빈다.

　저자와의 이메일 대화에서 내가 일방적으로 교사의 위치에 있었던 것은 아니다. 나 역시 값진 배움의 시간이었다. 저자가 문의한 사항과 제안을 통해 책과 삶에 관해 더 깊이 생각해볼 수 있는 시간이기도 했다.

나는 '도록형 단행본'이 관습화된 미술평론서 편집을 쇄신하는 데 하나의 출구가 될 수 있다고 본다. 기존의 미술평론서는 원고의 적당한 위치에 도판을 삽입하는 방식으로 편집했다. 시각문화에 길든 지금의 독자를 고려한다면, 흔한 도판 편집에서 탈피하여 적극적인 도판 편집을 시도할 필요가 있다. 그 가운데 하나가 지금 언급한 '도판＋본문' 형식이다. 책이 내용을 담는 그릇이기만 한 것은 아니다. 색다른 디자인으로 내용에 날개를 달아줄 수도 있다. 그러므로 획일화된 편집방식을 고수하고 있는 미술평론서도 다양한 형식으로 분위기를 바꿀 필요가 있다. 그것이 대중적인 미술서나 대중의 '눈 밖에 난' 미술평론서가 '한번쯤 주목받는 생'을 사는 길이다.

호랑이보다 무서운 미술저작권 사용료

글에서 시각 이미지로! 사진과 작품도판, 일러스트레이션 등이 책에서 차지하는 비중이 갈수록 높아지고 있다. 글뿐 아니라 시각 이미지가 책의 중요한 자산으로 부각되기 시작한 것이다. 그럼에도 변치 않는 것은 '원고'에 대한 개념이다. 일반적으로 원고라고 하면, '글'만 떠올린다. 그런데 도판이 중요한 책에서도 글이 원고의 전부일까. 영상문화에 익숙한 독자가 늘어나는 만큼, 저자들도 한번쯤 이런 의문을 가져봤으면 한다. 답은 '아니올시다'다. 도판도 원고 개념으로 볼 필요가 있다. 도판이 시각적인 즐거움에 봉사하는 단순한 기쁨조가 아니라 내용을 이해하는 데 필수적인 요소라면 도판 역시 원고인 것이다.

미술출판의 특수성은 이런 점에도 있다. 시각 이미지가 생명인 미술책에서 '원고'란 '글＋도판'을 말한다. 저자는 완전한 원고를 출판사로 넘겨야 한다. 이때 확인해야 할 것이 '미술저작권'이다. 여기서 미술저작권(이 글에서는 편의상 '도판저작권'이라는 말과 혼용한다)은 "미술 작품을 복제·배포·방송·전송·전시 등의 방법으로 이용할 배타적 권리"를 말한다. 그런데 미술저작권을 '상업적'으로 이용하려면 일정한 사용료를 지불해야 한다. 미술출판의 어려움은 이때 가중된다.

미술저작권에 대처하는 우리의 자세 ········ 대부분의 저자들이 미술 원고를 출판사로 보낼 때 글만 보내곤 한다. 도판을 원고의 개념으로 보지 않아서 생기는 현상이다. 미술 관련 출판사에서 원고를 검토할 때 먼저 확인하는 것은 글 원고에 언급된 도판들이다. 구하기 쉬운 도판인지, 저작권료를 지불해야 하는 도판인지부터 파악한다. 이에 따라 제작비가 달라지기 때문이다. 그런데 더 큰 문제는 도판저작권 사용료에 있다. 원고 내용이 아무리 좋아도 저작권 관리 대상인 도판이 많으면 출판사로서는 출간 여부를 고민하지 않을 수 없다.

그렇다면 도판저작권 사용료는 누가 지불해야 할까? 저자일까 출판사일까? 출판사는 저자가 '완전한 상태'(글 원고＋도판 원고)로 건네준 원고를 출판하는 것이고, 저자는 그것을 토대로 생긴 책의 판매수익에서 일정한 인세를 가져가는 것이므로, 저자가 도판저작권 사용료를 내는 것이 맞다. 물론 예상치 않았던 도판저작권 사용료 때문에 고민하기는 저자도 마찬가지다. 이때 출판사에서는 대개 세 가지 방법을 제시한다.

첫째는 저자가 도판저작권 사용료를 전액 부담하는 것, 둘째는 저자와 출판사가 도판저작권 사용료를 반반씩 부담하는 것, 셋째는 출판사가 도판저작권 사용료를 전액 부담하는 것이다. 가장 바람직한 방식은 첫째, 즉 저자가 사용료를 전액부담하는 것이다. 물론 저자들이 도판저작권 사용료 지불을 망설이는 가장 큰 이유는 당장 큰 돈이 지출되기 때문이다. 하지만 크게 보면 그렇게 들어간 비용은 결국 책값에 반영되므로 결과적으로 저자에게 이익이 된다. 둘째 방식의 경우 반반씩 부담하되, 저자가 인세 요율을 낮추고 대신 출판사가 도판저작권 사용료를 부담하는 것이다. 이 경우도 5,000부, 1만 부 식으로 부수에 따라 인세 요율을 차등화할 수 있다. 셋째 방식은 명망 있는 저자여서 출판사가 도판저작권 사용료를 전액 부담하는 방식이다. 이 경우 많은 판매가 기대되므로 출판사로서는 장기적인 관점에서 보면 긍정적인 투자일 수도 있다. 대부분 둘째 방식을 많이 사용한다. 그런데 이는 출판사나 저자에게 모험이기도 하다. 판매량이 많으면 출판사는 이익이지만 판매가 부진하면 저작권 사용료 지출에 따른 손실을 고스란히 떠안을 수밖에 없다(셋째 방식도 마찬가지다). 반대로 저자는 판매가 부진하면 손해 볼 것이 없지만 판매량이 많으면 후회하게 된다.

또 다른 방식이 있다. 원고를 대폭 수정하는 것이다. 저작권 사용료가 일정액을 초과하는 도판은 빼고, 저작권과 무관한 도판을 중심으로 다시 원고를 집필하도록 한다. 그러면 조금이나마 저작권 사용료 부담에서 헤어날 수 있다. 국내 미술책은 제한된 독자를 대상으로 출간하는 것인 만큼 이런 방식의 선택은 불가피하다. 이 역시 선호되는 방식이다.

국내 미술출판의 뜨거운 감자 ········· 미술출판에서 도판저작권 사용료는 한마디로 '뜨거운 감자'다. 선뜻 먹기에는 너무 뜨겁다. 그렇다고 외면할 수도 없다. 이 뜨거운 감자를 잘 먹기 위해서는 어떻게 해야 할까? 먼저 국내 미술출판의 생리부터 알아둘 필요가 있다. 도판으로나마 작가들의 작품을 감상할 수 있는 것이 화집이다. 실물을 볼 수 없는 독자들은 차선책으로 화집에 의지해서 한 작가의 작품세계를 감상할 수 있다. 일본만 해도 화집은 꽤 수요가 있다. 실제 작품을 보고 싶은 사람들은 전시장 투어에 나서고, 간접적으로나마 작품을 접하고 싶으면 화집을 구입한다. 또 화집의 주인공인 작가의 생애나 작품세계가 궁금하면 대중적인 미술책을 찾기도 한다. 그래선지 일본의 대중 미술책은 도판이 대부분 흑백이다. '읽는' 미술책의 이면에 '보는' 화집 문화가 뒷받침되어 있는 셈이다. 따라서 우리나라처럼 총천연색의 미술책만 접하던 독자가 일본의 미술책을 대하면 적잖이 당황하게 된다.

우리나라는 화집 독자층이 형성되어 있지 않다. 아니 아예 독자가 없다고 해도 과언이 아니다. 생존 작가나 작고 작가의 유족이 자비로 출판하는 화집은 대부분 '동업자' 사이에서 유통된다. 독자를 염두에 두고 출판했다기보다 작가 개인의 작품을 정리하는 성격이 강해서 판매와는 거리가 있다. 우리나라는 미술출판에서 화집이 죽은 사회다.

여기서 대중적인 미술책이 글과 그림을 함께 공급해야 하는 특수한 상황이 발생한다. 단행본이 화집의 역할도 겸해야 하는 것이다. 그러다 보니 고급 지질에 컬러도판이 가득한 단행본이 미술책 출판의 일반적인 형태로 자리 잡는다. 우리나라의 대중적인 미술책은 '한 지붕 두 가족' 즉 '화집＋이론서' 형식이라 하겠다. 그런데 책의 품질을 높이고자 해도 발목을 잡는 것이 하나 있다. 앞에서 언급한 도판저작권 사용료가 그것이다.

언어사용권이 넓은 영어 같은 경우야 전세계를 대상으로 판매할 수 있으므로 높은 저작권 사용료를 지불하더라도 수지타산이 맞겠지만 한글을 사용하는 국내 독자만 겨냥한 우리의 미술출판은 비싼 저작권료를 지불할 경우 쪽박 차기 십상이다. 1996년 말까지는 해적판으로 출간해도 법적인 제재가 없었다. 그런데 1997년부터 사정이 달라졌다. 공짜였던 외국서적들의 저작권 계약을 맺어야 하고, 때로는 비싼 도판저작권료를 별도로 지불해야 하는 현실이 된 것이다. 이에 따라 국내 미술출판시장이 급격히 위축되면서 기현상이 나타나기 시작했다. 2001년 말 한 일간지는 서점가에서

20세기 현대미술에 대한 국내 저서가 실종상태라며 미술출판의 어두운 현실을 진단한 바 있다. 사실 그렇다. 서점에 인상파로 대표되는 19세기 이전의 미술 관련 책들은 많지만, 20세기 현대미술에 관한 책은 구경하기 어려운 실정이다. 비싼 도판 사용료 때문이다. 미술책은 특성상 도판이 생명이다. 하지만 우리나라가 베른 조약에 가입한 1996년 이후부터는 20세기 미술가들의 작품도판을 사용할 경우 대부분 '사후 50년' 이내의 저작권 보호규정에 따라 일정한 액수의 사용료를 지불해야 한다. <조선일보> 2001. 11. 29 도판 사용료가 추가되면 전체 제작비가 상승한다. 우리나라의 도판저작권 사용료가 국제시세보다 20~40퍼센트 저렴하다고는 하지만 이마저 감당할 수 없을 때는 제작을 포기하거나 도판 사용료를 내지 않아도 되는 저작물을 출판하거나 도판 수를 최대한 줄이는 수밖에 없다.

"저작권 사용료는 각 작품의 사용처(표지냐 내지냐), 크기(한 페이지냐, 1/2페이지냐), 작품의 색상(흑백이냐 컬러냐), 작품의 형식(입체냐 평면이냐), 작가의 등급, 발행부수 등에 따라 각각 액수가 달라진다. 입체작품의 경우에는 원작에 대한 저작권료 외에도 입체물을 찍은 사진작가에 대한 저작권료가 추가됨으로써(『그림 없는 그림책』에서) 작품당 사용료가 크게 늘어난다. 그렇지 않아도 미술책은 올컬러로 제작해야 하기 때문에 제작비 부담이 큰데, 여기에 도판저작권 사용료까지 추가된 것이다. 도판저작권 사용료는 국내 작가의 도판 사용에도 지불하는 것이 원칙이다. 하지만 우리나라는 아직 작가에게 협조를 구해서 게재하는 식으로 비교적 느슨하게 시행되는 편이다. 도판저작권 사용료가 부담스러운 저자들은 가능하면 현대미술 작품을 피하려고 한다. 그래서 미술저작권의 소멸로 공공소유물public domain이 된 작가들의 작품은 다루되 그 이후에 죽은 작가들의 작품은 기피하는 현상이 나타난다. 이런 기형적인 출판 환경은 독자들에게 동시대와 호흡하는 현대미술의 동향을 따라잡지 못하게 하고, '미술' 하면 인상파나 그 이전의 평면작업이 전부인양 생각하게 만드는 기형적인 인식을 낳았다."

졸고 「미술의 대중화와 우리 미술출판의 과제」〈월간미술〉 2003. 9

　이 이야기는 미술책 저자들에게 꼭 들려주는 내용이다. 『서늘한 미인』의 저자를 만났을 때도 그랬다. 국내 미술책의 특수한 생리와 도판저작권의 현실을 이야기했다. 다행히 『서늘한 미인』에 수록된 젊은 작가 21인의 작품 저작권은 대부분 저자가 해결했다. 작가들에게 일일이 연락해서 '사용해도 좋다'는 허락을 받아낸 것이다. 몇몇 작가의 경우 허락을 받기까지 어려움이 컸던 것으로 안다. 이미 언급했듯이, 국내 작가들은 도판저작권 관리가 비교적 느슨한 편이다. 책을 통해 자신의 작품을 홍보한다는 생각이 강하기 때문이다. 협조를 구하기에 따라서 사용료를 지불하지 않고도 도판을 쓸 수 있다.

　물론 우리나라에도 작가들의 저작권을 관리하는 곳이 있다. 가나아트, 갤러리현대, 아미화랑, 샘터화랑(손상기), 환기미술관(김환기), 서울시립미술관(천경자), 장욱진미술문화재단(장욱진), 운보문화재단(김기창, 박래현) 등 몇몇 대형 화랑과 미술관, 문화재단 등에서 작고 작가와 원로·중진 작가의 작품 저작권 업무를 대행한다. 반면에 권진규, 오윤 등 적지 않은 작고 작가는 저작권이 유족에게 있는 탓에 찾기가 쉽지 않다.

　그런데 우리나라는 도판저작권 사용료에 대한 기준이 들쑥날쑥하다. 우리 미술출판의 열악한 현실을 고려하여, 도판에 따라 (크기, 사용처, 색상 등) 사용료에 차등을 두는 방식을 채택하는 곳은 드물다. 도판을 사용하면 무조건 한 컷에 '얼마'라는 식이다. 외국 작가의 도판저작권 사용료처럼 사용처, 크기, 색상, 발행부수 등에 따른 세분화된 기준이라도 있으면, 총제작비를 감안하여 크기를 줄인다든지 컬러로 쓸 것을 흑백으로 쓴다든지 하겠는데, 그럴 여지조차 없다. 이런 주먹구구식의 도판저작권 관리 현실은 국내 미술출판의 현실에 맞게 하루빨리 정비되어야 한다.

뜨거운 감자를 두려움 없이 먹는 법 ………『서늘한 미인』은 '도록형 편집'인 만큼 작품도판이 생명이다. 그래서 각 원고의 앞쪽에서는 도판을 최대한 크게, 많이 보여주었다. 그리고 작가가 보내온 청첩장(221쪽)과 저자의 명함(작가가 그린 저자의 초상이 담긴) 등을 본문에 더했다. '예술의 발견'이라는 팁에서는 저자가 찍은 프랑스의 문인 미셸 투르니에, 영화배우 안젤리나 졸리의 배꼽 사진 등을 수록하여 글의 흥미를 배가했다. 그래서 아기자기하게 배치된 도판을 감상하는 맛이 더 각별하다. 그만큼 도판을 살린, 도판이 '책의 주인'인 편집디자인을 선보였다.

2007년 5월에 출간한『미술시장의 유혹』정윤아. 아트북스도 같은 맥락에서 언급할 수 있다. '미술시장으로 본 현대미술' 이야기답게 화집을 보듯이 유명한 현대미술작품을 최대한 큼직하게 감상할 수 있도록 편집했다. 그런데 여기에 들어간 '도판저작권 사용료가 무려 1,000만 원 정도나 된다. 어쩔 수 없이 출판사와 저자가 공동으로 분담하되, 출판사는 일정액을 부담하고 나머지 액수는 저자가 후원을 받아서 처리했다. 이런 식으로 저작권 사용료를 해결하지 않았더라면 이 책은 도판 없는 미술책이 되었거나 작은 도판이 듬성듬성 수록된 기형적인 책이 되었을 것이다. 국내 미술출판에서 호환마마보다 무서운 것이 도판저작권 사용료다. 그렇다고 두려워하고만 있을 수는 없다. 탄탄한 기획물로 잠재독자 개발에 적극적으로 나서야 한다. 독자층이 두터워지면 일정액의 도판저작권 사용료는 문제가 되지 않는다. 이것이 '뜨거운 감자'를 두려움 없이 먹는 법이다.

'서늘한 미인'을 위한 뷰티 메이크업

저자를 닮은 제목과 내조하는 부제 ……… '서늘한 미인'이라는 제목은 저자가 지었다. 기대를 거는 책인 만큼 담당편집자는 원고를 편집하는 한편, 21인의 작품세계를 하나로 묶으면서도 기억에 남을 만한 제목을 계속 고민하고 있었다. 그때 저자가 제안한 것이 '서늘한 미인'이다. 마음에 걸리는 점이 없지 않았다. 무엇보다 언뜻 듣기에 '서늘한 미인'이 뜻하는 바가 모호했다. 저자의 설명을 듣고 나니 그제야 고개를 끄덕이게 된다. "미술은 우선 말 붙이기가 힘들죠. 왠지 어려워 보이잖아요. 그렇지만 한번 알고 나면 자꾸만 보고 싶은 미인 같아요. 특히나 한국의 젊은 미술은…. 그래서 신중현의 노랫말처럼 한 번 보고 두 번 보고 자꾸만 보고 싶어지긴 하는데 뒤돌아서면 가슴이 서늘해져요." 「저자의 말」

'서늘한 미인'은 아무 정보 없이 책을 접하는 독자의 입장에서는 선뜻 다가가기 어려운 느낌을 받는다. '서늘하다'는 표현이 흔히 사용하는 단어가 아니기도 해서 그렇다. 하지만 이 말이 '미인'과 결합하면서 생경한 느낌이 조금 덜해진다. 그런데도 '서늘한 미인'이라는 말은 책을 읽기 전에는 와닿지 않는다. 살가운 미인보다는 이지적인 미인이 연상된다. 하지만 나는 패션모델들의 시크한 표정을 떠올리게 하는 이 제목에 묘한 매력을 느꼈다. 한편으로 '서늘한 미인'은 저자 자신을 의미하는 것으로도 읽혔다. '서늘한 미인'이라는 말이 저자의 이미지와 겹쳐지면서 머릿속에 각인되는 힘이 있었다.

부제는 제목을 보충하는 기능을 한다. 제목이 선동적이라면 부제는 진지하다. 제목이 '호객행위'에 나선다면 부제는 그것을 보완해준다. 제목이 독자를 향해 큰소리 뻥뻥 치면, 부제는 구체적인 내용으로 뒷받침한다. 그래서 책의 부제는 제목이 지닌 추상적인 이미지를 보필할 수 있는 구체적인 내용으로 뽑았다. "MBC 김지은 아나운서가 만난 스물한 명의 젊은 화가들"이 그것. MBC 아나운서를 '표나게' 내세운 것은 저자에 대한 인지도가 방송인치고는 높지 않다는 판단 때문이다. 한때 〈MBC 뉴스데스크〉의 앵커로, 〈출발, 비디오여행〉 〈즐거운 문화읽기〉 등의 MC로 활발한 활동했음에도 '김지은'이라는 이름을 떠올리기는 쉽지 않다. MBC 아나운서라면 한결 범위가 좁아져 저자를 연상하기 쉬워진다. 또 아나운서와 화가라는 조합이 주는 호기심 자극 효과도 노렸다.

작가들의 작품을 내세운 표지 ········· 표지는 몇 개의 시안 가운데 푸른색 바탕에 흰 테두리가 있는 것으로 정했다. '서늘한 미인'의 이미지와 어울리기도 하거니와 푸른색이 흰색의 지질과 어우러져 시각적으로 강하게 어필하는 효과가 있었다. 바탕에는 수록작가인 김정욱의 얼굴 그림을 클로즈업해서 배치했다. 조금 엽기적인 그 얼굴 그림은 '서늘한 미인'이라는 제목과 푸른색과 합해져 신비한 매력을 발산한다.

　애당초 표지에는 저자 사진을 실을 생각이었다. 다른 분야에서 그렇듯이 출판에서도 저자의 미모는 홍보에 강점으로 작용한다. 그런 까닭에 저자의 사진을 써서 독자의 시선도 사로잡고 저자의 지명도도 높이자는 계획이었다. 그런데 저자가 반대의사를 표

조금은 엽기적인 얼굴 그림이 제목과 바탕의 푸른색과 어우러져 신비한 분위기를 연출한다.

명했다. 난감했다. 홍보에 유리한 강점 하나를 포기해야만 했다. 고민은 길게 가지 않았다. 저자의 의도대로 작가들의 작품에만 독자의 시선이 쏠리게 디자인하기로 한 것이다. 대신 저자의 모습은 띠지에서 보여주기로 했다.

이 책의 성격은 표지에 인물을 내세우지 않은 점에서도 확인할 수 있다. 흔히 유명인의 책이라면 한젬마의 책(『그림 읽어주는 여자』『그림에서 인생을 배웠다』)처럼 표지에 저자의 모습을 크게 넣고, 조금 자극적인 제목을 다는 것이 일반적이다. 그런데 이 책은 대중적인 요소를 살리기보다 반대로 나아갔다. 젊은 작가 21인의 작품읽기를 통해 저자의 생각과 필력을 체감할 수 있게 구성한 것이다. 저자의 뜻을 최대한 살린 결과다. 결과적으로 저자의 이미지는 물론 책의 질까지 좋아졌다. 판매성적도 쾌청했다.

띠지는 저자의 얼굴을 사용해서 표지의 2/3를 감쌀 수 있게 만들었다. 저자 사진은 두 종류를 사용했다. 활짝 웃는 얼굴을 클로즈업한 것과 『서늘한 미인』을 들고 있는 상반신을 포착한 것이다. 전자는 초판에서 사용하고 후자는 2쇄부터 사용했다. 띠지의 헤드카피는 저자의 말에서 힌트를 얻어 "난 미술평론가는 아니지만, 그저 사랑하기에 눈이 멀었다!"로 뽑았다. 딱딱한 미술에세이가 아님을 '사랑' 운운한 말에서 느꼈으면 싶었다.

서브카피는 "미술과 사랑에 빠진 김지은 아나운서의 '즐거운 미술읽기'"로 지었다. 부제와 각도를 조금 달리 해서 한번 더 저자를 부각했다. 그리고 본문 카피는 "첫 월급으로 미술품을 사고/ 그 후 12년 동안 미술품을 컬렉팅해온 아나운서 김지은이 말한다./

현대미술의 매력에 빠져/ 화가들과 함께 살아가는 게 얼마나 행복한지!"로 정했다. 미술품을 사는 데 쓴 첫 월급과 12년 동안의 미술품 컬렉팅 등을 통해 한 아나운서의 단순한 취미생활이 아니라 전문적인 성격을 띤 책임을 강조한 것이다.

미술출판에 맞는 전략적 홍보 ········· 홍보용 보도자료는 두 종류로 작성했다. 하나는 신간안내용 보도자료이고, 다른 하나는 전시회 안내용 보도자료였다. 특히 미술담당 기자들에게 보낸 후자는 책 출간을 겸해서 마련한 수록 작가들의 전시회 홍보용이었다. 물론 신간안내용 보도자료에도 전시회 소식을 언급했다.

신간안내용 보도자료는 표지를 포함해 7장으로 만들었다. 푸른색을 테두리선으로 활용해 틀을 통일하고 작가들의 도판을 한 점씩 세로로 배열했다. 번거롭게 책을 들춰보지 않고 완결된 내용만으로도 수록작가의 작품을 알 수 있게 한 것이다. 전체 내용을 보도자료 앞쪽에서 1/3분량으로 요약 정리해, 이것만 읽어도 기자가 책의 내용을 파악할 수 있게 했다. 일반적으로 저자약력은 보도자료의 뒤쪽에 붙이는 것이 관례인데, 이 경우는 저자 소개를 앞쪽에 놓았다. 저자가 화제의 인물인 까닭이다. 그리고 저자의 특성을 한눈에 알 수 있도록 소제목을 '김지은 아나운서, 미술품컬렉터, 예술학도'로 뽑고, 현재의 활동상황과 컬렉터이자 예술학도에 관한 설명을 더했다. 이는 『서늘한 미인』이 가벼운 미술에세이가 아니라 탄탄한 필력을 가진 전공자의 미술에세이임을 부각하기 위해서였다.

다음으로 제목을 '서늘한 미인'으로 지은 이유를 밝힌 뒤, 책의 특징을 질의응답 형식으로 정리했다. 지은이와 작가의 약력을 생략한 이유, 젊은 작가만 다룬 이유, 본문 구성이 '작품도판＋미술에세이'인 이유, 글이 어떤 성격(대중성, 전문성)인지와 팁의 일종인 '예술의 발견'에 관한 내용이었다. 책의 특징을 질의응답 형식으로 구성한 데는 나름대로 이유가 있다. 일단 독자(기자)의 호기심을 자극하여 자료를 완독하게 만들기 위한 전략이었다. 저자의 견고한 사유와 통찰이 돋보이는 문장들을 뽑아서 덧붙이고 차례와 출간 기념 전시회 소식을 추가했다.

전시회 안내용 보도자료는 2장으로 만들었다. "MBC 김지은 아나운서 기획, 〈서늘한 미인〉전 개최"라는 제목으로 17명의 참여 작가, 전시장소, 전시기간, 오프닝 일시, 전시내용 등을 간략히 소개한 것이다. 물론 이 자료에 『서늘한 미인』 표지를 수록하여, 한 번 더 책이 노출될 수 있게 했다.

책 제목과 동일한 제목을 내건 기획전(2004.10.12~19)은 홍보의 일환으로 마련한 것이었다. 인맥을 통해 갤러리를 수소문한 결과, 인사동에 새로 오픈한 '노암갤러리'를 소개 받았다. 마침 그쪽에서도 갤러리 홍보가 필요한 때였다. 출간기념전이었지만 유명인의 기획전인데다가 참여작가들도 '빵빵'했던 만큼 갤러리 홍보에도 적잖이 도움이 될 터였다. 갤러리의 사정과 출간 시기가 맞아떨어져 고액의 전시장 대관료를 아낄 수 있었다. 가장 바빴던 사람은 담당 편집자였다. 책을 마무리하면서 전시회 준비를 함께 진행해야 했다. 작가들에게 연락해서 출품 여부를 확인하고 작품을 수집하는 데 진땀을 뺐다. 더욱이 출간 일정과 전시 일정이 비슷하게 맞물려 있었다. 마지막 날에는 야간작업을 해서 겨우 다음날 오픈 일정을 맞출 수 있었다. 전시회는 예상 밖으로 성황을 이루었다. 오프닝 전에 각종 여성지며 온라인서점들의 인터뷰와 사진촬영이 이뤄졌다. 비록 책에 수록된 작가 21명이 모두 출품하고 참여한 것은 아니었지만 대성황이었다. 1,2층으로 된 갤러리는 관계자와 관람객으로 발 디딜 틈이 없을 정도였다. 독자가 책에 수록된 원작을 감상할 수 있는 절호의 기회이기도 했다. 미처 책을 다루지 못한 언론에서는 전시회를 계기로 책을 소개하기도 했다. 책은 '북섹션'이나 신간소개란에만 소개되는 게 아니다. 저자에 포커스를 맞춰서 '인물동정'란을 차지할 수도 있다. 또 미술책의 경우는 '미술' 면에 간단히 소개될 수도 있다. 따라서 보도자료에는 북섹션 이외의 코너와 지면을 고려하여 다양한 정보를 언급해둘 필요가 있다.

전시회를 위해 포스터와 작가들의 작품을 수록한 그림엽서도 만들어 관람객들이 가져갈 수 있게 전시장에 배치했다. 이런 부대행사와 홍보물 외에도 일간지 광고며 온·오프라인 마케팅에도 주력했다. 덕분에 두 달 만에 2쇄를 찍었다.

『서늘한 미인』은 유명인의 이름에 기댄 가벼운 미술에세이에서 한 차원 업그레이드된 미술에세이를 맛보고 싶은 독자, 재미없고 난해한 미술평론에 주눅든 독자, 동시대 젊은 작가들의 작품세계와 고민을 알고 싶어 하는 독자, 그리고 미술에 매료된 한 아나운서의 예술행복지수가 궁금한 독자들을 위한 책이다. 『서늘한 미인』은 지금도 꾸준히 미모가 빛나는 아트북스의 스테디셀러 가운데 하나다. 나는 그녀를 사랑한다.

'쓰고 싶은 글'과 '쓴 글' 사이

책은 저자가 '쓰고 싶은 글'을 쓴 결과물이다. 그런데 '쓰고 싶은 글'과 '쓴 글'(초고)에는 차이가 있다. 저자에 따라서 그 차이가 아주 크거나 적거나 일치한다. 이 차이를 어떻게 줄이느냐에 따라 '초보저자'와 '프로저자'로 나눌 수 있다. 초보저자는 두 글 사이의 거리가 멀다. 반면에 프로저자는 두 글 사이의 거리가 아주 가깝거나 일치한다. 또 프로저자의 글은 독자가 원하는 내용과 스타일로 조율되어 있다. 기획자는 '쓰고 싶은 글'과 '쓴 글'의 불화를 화해시키는 중재자다. 특히 저자가 초보일 경우에는 이 거리를 좁히는 데 정력을 쏟아야 한다. 원고의 성패는 '쓰고 싶은 글'과 '쓴 글'의 거리 좁히기, 더 나아가 일치시키기에 달려 있다. '쓰고 싶은 글'은 저자의 마음속에 있는 글이다. 그것은 글쓰기를 통해 비로소 소통 가능한 문장이 된다. 프로저자는 마음과 글쓰기가 일치하지만 초보저자는 마음과 글쓰기가 따로 논다. 『화가들이 사랑한 파리』의 진행 과정은 초보저자의 특징을 고스란히 보여준 사례였다. 특히 '쓰고 싶은 글'과 '쓴 글'의 차이와 그 극복 과정이 흥미롭다.

저자의 이야기에 매혹되다 ········ 낭만과 예술의 도시 파리는 서양미술사를 수놓은 수많은 화가의 작업 무대였다. 그랬던 만큼 파리 시내는 자연스럽게 작품의 주요 소재가 되었다. 이 책은 파리의 풍경을 그린 화가를 중심으로 프랑스 몇몇 지역을 그린 화가를 더해 31명의 작품 34점을 담고 있다. 책의 기본 컨셉트는 작품

도판과 작품의 소재가 된 장소를 찍은 사진을 나란히 배치하고 설명하는 것이었다. 여기에 화가들의 삶이나 작품과 관련된 일화, 저자의 개인적인 체험 등을 버무렸다. 부제는 '파리에 매혹된 어느 화가의 그림현장 답사기'로 달았다. 단행본 집필 경험이 없는 저자의 첫 작업이었다. 그런데도 출간(2005년 1월) 후 기대 이상의 반응을 낳았다. 2007년 10월에 6쇄를 찍었고 꾸준히 쇄를 거듭하고 있다.

2004년 어느 날 사무실로 전화가 왔다. 음성이 맑고 둥근 여성이 나를 안다고 했다. 내가 미술잡지사에 있을 때 인사도 나눴다고 한다. 기억이 나지 않았다. 책으로 내고 싶은 아이템이 있는데 어떻게 하면 좋을지 몰라 연락했다기에 미안한 마음 반 호기심 반에 미팅 약속을 잡았다. 저자는 프랑스에 살고 있는 화가였다. 국내 대학 강의 때문에 일시 귀국한 참이었다. 이야기는 물 흐르듯 풀렸다. 80년대 말 저자가 파리에 도착했을 때 이상하게도 파리의 풍경이 낯설지 않았다고 한다. 처음 방문했는데도 말이다. 곰곰 생각해보니 화집에서 본 명화 속 풍경이 눈앞에 펼쳐져 있었다. 놀랍게도 그런 곳이 한두 군데가 아니었다. 파리는 살아있는 명화의 고향이었다. 틈틈이 명화의 소재가 된 장소를 찾아다녔다. 노트르담, 퐁뇌프, 몽마르트르, 불로뉴 숲, 생 라자르 역 등. 세월이 흘렀다. 혼자만 알고 있기에는 너무 아까웠지만 어떻게 해야 할지 막막했다.

이야기를 듣는 내내 귀가 솔깃했다. 나도 유사한 내용의 기획안을 세워두고 있어서였다. 국내외 미술작품을 작품에 담긴 현장 사진과 함께 보여주는 게 내 기획안의 요지였다. 하지만 시행할 엄두를 못 내고 있었다. 마땅한 저자도 없었다. 만만찮을 여행경비도 부

54

담스러웠다. 그런데 예기치 않은 곳에서 고민을 해결해줄 저자가 나타난 것이다.

첫 미팅에서 미래를 설계하다 ‥‥‥‥ 저자가 화가이기에 현장에 대한 감상도 일반
인과는 달랐다. 이런 점도 책의 장점이 되겠다 싶었다. 나는 곧 이야기를 정리해
서 책으로 내자고 했다. 당시 저자가 써둔 원고는 없었다. 현장과 화가와 관련한
정보가 메모 상태로 있는 듯했다. 처음부터 집필을 해야 했다. 그래도 괜찮았다.
물론 저자의 글을 접한 적이 없었기 때문에 한편으로는 불안했다. 과연 이 아이
템을 제대로 살릴 수 있을지 확신할 수가 없었다. 하지만 저자는 화가이자 조형
예술학 박사과정을 밟은 사람이기도 했다. 기본적인 글쓰기에는 무리가 없을 듯
했다. 세밀한 부분은 함께 조정하면 될 거라 생각했다.

나는 미술에세이집으로 방향을 잡고 즉석에서 구체적인 기획안을 제시했
다. 저자의 이야기를 들으면서 머릿속으로 본문 형식을 대강 구상해두었기 때문
이다. 이 아이템은 두 가지 버전의 책으로 만들 수 있다. 하나는 작품의 현장에 무
게를 둔 실용적인 버전이다. 그러니까 작품과 현장 사진을 크게 배치하고, 그와
관련된 간단한 글과 사진, 자세한 안내지도를 더하는 식이다. 이렇게 되면 책은
가이드북 성격이 강해진다(저자가 염두에 둔 방향이기도 했다). 또 하나의 버전은
화가와 작품, 현장 이야기를 자세히 살려서 미술에세이 성격을 강화하는 방식이
다. 실용적인 정보(현장지도)는 팁으로 처리한다.

이 기획이 현장 가이드북보다 미술에세이집이어야 하는 이유는 무엇보다 파
리까지 가서 현장을 확인하고 즐길 국내 독자가 거의 없다는 데 있다. 책 자체로
완결성을 높여서 보고 읽는 즐거움을 책에서 만끽하게 해주어야 한다. 이런 생각
을 바탕으로 원고 집필에 필요한 사항들을 알려줬다.

1. 꼭지 수와 원고분량을 정한다. 원고 매수는 최소 600~700매가 되게 한

다. 2. 본문 원고에 읽을거리가 풍부해야 한다. 단행본은 논문과 달리 흥미로운 일화가 생명이다. 3. 현장사진은 잡지 사진처럼 찍는다. 증명사진처럼 무뚝뚝한 형식은 안 된다. 4. 팁으로 지도를 첨부해 실용성을 가미한다. 5. 사진설명과 저자의 말은 본문에 종속된 글이 아니라 그 자체로 읽는 맛이 나야 한다. 6. 소제목의 기능은 내용 요약과 독자 유혹이므로 소제목은 섹시하게 붙인다. 7. 원고의 모든 사항을 독자의 입장에서 생각해본다. 8. 독자는 저자의 체취를 맡고 싶어 하므로 저자의 이야기를 섞는다.

일단 이런 식으로 원고를 작성해서 보내달라고 했다. 원고를 검토한 뒤 문제점을 체크하겠다고 했다. 저자가 출국하기 전까지 몇 차례 더 만났고 만날 때마다 많은 이야기를 나눴다. 저자의 파리 생활과 몇몇 현장에 관해 구체적으로 알 수 있었다. 초보인 저자와 함께 멋진 춤판을 만들기 위해 내가 알아야 할 정보들이었다.

까칠한 초고를 진맥하다 ········ 두어 달 뒤 이메일로 초고가 도착했다. 원고의 절반 분량인 15꼭지였다. 단행본을 처음 써보는 저자다웠다. 원고가 비포장도로였다. 제목을 대신하는 작가명과 작품 제목 아래 화가와 작품, 그림의 현장에 관한 이야기와 자기 이야기 등이 엉켜 있었다. 하지만 우려했던 것보다는 상태가 좋았다. 일단 화가로서 느낀 체험의 독특함과 읽을거리로서의 정보가 담겨 있었다. 저자가 글쓰기에도 흥미를 가지고 있음이 확인되었다. 나머지는 서서히 다듬어가면 된다. 가능성이 있었다. 원고검토 결과 몇몇 문제점이 눈에 띄었다. 들쑥날쑥한 원고 분량과 자신이 알고

56

있는 정보에 대해서는 구체적인 설명 없이 넘어간 대목, 그리고 미술 대중서라고 하기에는 건조한 문장 등이었다.

먼저 원고의 분량은 관련 정보의 보완으로 해결하면 된다. 원고의 핵심인 그림과 그 그림의 현장 이야기를 효과적으로 풀어내는 데 뒷심이 달린다면, 화가와 그의 주변 이야기, 그리고 체험을 가미하여 원고를 보완하는 것이다. 단행본에서는 일화가 대단히 중요하다. 일화는 독자에게 읽는 즐거움을 준다. 두 번째 문제는 초보저자의 글에서 흔히 접할 수 있는 점이다. 예컨대 저자가 어떤 사실을 언급하되, 그것에 관해 아무런 설명도 없이 다음 문장으로 넘어가는 경우다. 자신은 이미 잘 알고 있는 사실이기에 굳이 설명할 필요성을 못 느껴서다. 저자가 독자의 입장에 서보지 않아서 빚어진 현상이다. 초보저자가 '초보'라는 용어를 떼는 시기가 있다면, 독자의 입장에서 글쓰기를 할 때부터다. 세 번째 지적한 글의 무미건조함은 상당부분 건조한 문장에서 비롯한다. 흥미로운 일화가 없는데다 일화를 소개하되 아기자기하게 서술하지 않은 데 문제가 있었다. 또 대화체의 부재 탓도 있다. 대화체는 원고와 독서에 활력을 준다.

원고를 '보디빌딩' 시키다 ········ 위와 같은 점을 염두에 두고 일부 원고를 수술하기 시작했다. 일종의 샘플원고 만들기였다. 저자가 샘플원고를 참조하여 스스로 초고를 손질하고 나머지 글을 완성해달라는 뜻에서다. 수술과정은 이랬다.

첫째, 교열한 문장에는 일일이 밑줄을 쳤다. 둘째, 아리송한 부분은 굵은 서체로 표시하여 어떤 의미인지 물었다. 예컨대 "모네는 생 라자르 역을 그리기 위해 시청에 허가해달라는 신청서를 제출한다"라는 문장은 다음과 같이 해서 저자에게 보냈다. "모네는 생 라자르 역을 그리기 위해 허가해달라는 신청서를 제출한다 → 어디에 신청서를 제출하는가." 셋째, 글의 전개상 보완이 필요한 대목은 내용을 보충해달라고 했다. 처음 보내온 원고 중 3분의 2 정도는 이런 식으로 손을 본 다음 이메일로 전송했다. 며칠 후 수정된 원고가 도착했다. 글이 훨씬 나아졌다. 내가 손질한 원고 외의 원고들까지 표정이 밝아져 있었다. 저자는 하나를 알려주면 서너 걸음씩 앞서 갔다.

다음은 「노트르담 대성당의 조망 ─ 앙리 마티스와 노트르담」의 앞부분이다. 이른바 초고의 '쌩얼'인 셈이다. "노트르담은 성모 마리아라는 뜻이다. 예전에, 내가 다니는 성당이 노트르담이야 하니까 어릴 적 우리 집 텔레비전 있다. 라고 자랑하는 수준으로 받아들이는 듯 믿어지지 않는다는 표정으로 친구는 노트르담에 미사가 있다니! 순간 그녀의 환상을 내가 지금 막 깨고 있구나 생각한 적이 있었다."

일차로 교열한 원고는 이런 꼴이었다. "노트르담은 '성모 마리아'라는 뜻이다. 예전에, 친구에게 "내가 다니는 성당이 노트르담이야" 하니까 그는 믿어지지 않는다는 듯 "노트르담에서도 미사를 드리니?" 했다. 그것은 마치 내가 어릴 때 '우리 집에 텔레비전 있다'라고 자랑하는 것을 받아들이는 듯한 표정이었다. 순간, 나는 내가 그녀의 환상을 깨고 있구나 하는 생각이 들었다."

초고에서 한 문장에 엉겨 있던 정보를 분리한 것이다. 문장의 동맥경화 현상도 초보저자의 특징 중 하나다. 기획자나 편집자는 요령부득의 문장을 부검해 피가 통하도록 재구성해줘야 한다. 최종 원고에서는 친구와 나눈 대화를 앞으로 끌어냈다.

""내가 다니는 성당이 노트르담이야." "어머, 노트르담에서도 미사를 드리니?" 친구는 내 말이 믿어지지 않는다는 표정이었다. 나는 도리어 그런 친구의 얼굴을 의아하게 쳐다보았다. 순간 '내가 친구의 환상을 깨고 있구나' 하는 생각이 들었다. (중략) 더욱이 노트르담은 '성모 마리아'라는 뜻이 아닌가." 한결 생동감 있는 글이 되었다. 이런 과정을 거듭하며 흐릿했던 문장의 이목구비가 뚜렷해졌다.

초보저자와 함께 쇼를 하라 ········· 기획자가 초보저자의 '말문'을 터주는 과정에는 많은 노력이 따른다. 하지만 '세상에 없는, 세상이 기다리는' 원고를 생산하기 위해서는 반드시 감수해야 하는 부분이다. 『화가들이 사랑한 파리』에서 내가 한 일이라고는 저자가 '쓴 글'을 통해서 '쓰고 싶은 글'의 정체를 확인하고, 독자가 '원하는 글'의 생리를 더해 최상의 원고를 뽑아낼 수 있도록 보조한 것뿐이다. 이를테면 내 역할은 '그대의 뒷모습에 깔리는 노을'쯤 된다. 물론 아쉬움도 없지 않다. 출간일정 때문에 일부는 해상도가 높은 도판을 찾아서 싣지 못했다. 국내에서 구할 수 없는 도판도 있었다. 파리의 도서관에서 컬러 복사한 것을 사용하기도 했다. 원고의 질을 더 고르게 북돋우지 못한 점도 아쉬움으로 남는다.

초보저자가 '쓴 글'에는 '쓰고 싶은 글'이 많이 부족하다. 기획자는 부족한 점들을 찾아서 저자가 원고를 수정 보완하게 해야 한다. 다른 방법도 있다. 원고의 아이템이 괜찮다면 저자가 쓴 초고를 토대로 전문 필자의 도움을 받을 수도 있다. 하지만 저자와 단행본 작업을 계속하려면 그래서는 안 된다. 저자 스스로 원고를 수정하는 가운데, 독자를 염두에 둔 글쓰기 비법을 깨치게 해야 한다. 이런 과정은 곧 한 명의 무명저자를 듬직한 중간필자 혹은 중간저자로 키우는 길이기도 하다. 전문적인 정보를 일반 독자가 알기 쉽게 풀어주는 필자나 저자로 말이다.

■■■
발튀스, '생 앙드레 상점가', 캔버스에 유채, 293.5×330.5cm, 1952/1954
정면으로 보이는 벽면 중앙에 있는 명화는 발튀스의 비밀기록다. 장소의 숨겨진 비밀을 내보내고 있다. 창 왼쪽에 몸을 보인 채 오른쪽으로 바게트를 들고 가는 남자가 발튀스 자신이라고 주장한다.

■■■
이 건물의 중앙에 보이는 'BISTROT(선술집)'는 레스토랑으로 '펠츠펠리'라는 뜻이다. 발튀스의 작품 속에 숨어 있는 'REGISTRE(공식문서기록)'과 '정 쥐 당시 이 종이 간판을 의미하는데, 바로 이곳이 다비드가 자화상으로 '시인의 친구'를 연상케한 곳이다. 따라서 다비드의 작품 '마라의 죽음'의 주인공일이기도 하다.

카유보트, 「파리의 거리, 비 오는 날」, 캔버스에 유채, 212.1×276.2cm, 1877

예전에 내가 살기도 했던 이곳은 아직도 취가 나올지 모르지만 내게는 아름다운 추억이 남아 있는 장소이다.

제목은 '낚시글'이다

중국에 왕래할 수 없었던 시절, 도판으로 접한 중국의 산수화는 비현실적이었다. 무협소설에나 등장할 법한 기암괴석과 웅장한 산세는 도무지 현실의 풍경 같지 않았다. 그런데 중국 여행이 자유로워지면서 이런 인상은 깨졌다. 중국에 가서 보니 그것은 상상 속의 풍경이 아니라 현실이었다. 화가들은 놀란다. 진짜 '그림 같은 세상'이 눈앞에 펼쳐지기 때문이다. 기괴한 산세가 기괴한 그림을 낳았던 것이다.

여기가 거기네 ⋯⋯⋯ 『화가들이 사랑한 파리』가 주는 재미는 이런 맥락에서 이야기할 수 있다. 세계 명화집에서 접한 서구의 풍경도 중국의 옛 그림만큼이나 낯설었다. 이국적인 풍경은 화가들이 상상으로 그린 그림처럼 보였다. 실제로 그런 풍경을 본 적이 없었기에 더욱 그랬다.

저자는 이런 인상을 교정해준다. 현실감이 없던 그림을 현장 사진과 함께 나란히 보여주며, 유명한 그림들이 현장을 바탕으로 그린 것임을 확인시켜 주었다. 대중매체 속 연예인을 실생활에서 직접 본 것처럼 흥미로웠다. 더욱이 그림 속의 풍경이 100여 년이 지난 지금까지도 그대로 존재한다는 사실이 놀라웠다. 흥미로운 사실은 또 있다. 정작 프랑스에서는 누구도 주목하지 않은 그림의 현장을 이국의 화가가 일일이 찾아다니며 기록했다는 점이다. 저자는 그림과 사진을 나란히 보여주면 프랑스 사람들도 신기해한다고 했다.

현장 사진을 중심으로 한 이 책의 장점은 크게 두 가지로 정리할 수 있다. 첫째, 그림과 닮은 현장 사진 보여주기다. 저자는 화가가 그림을 그릴 당시의 위치에서 그림과 동일한 각도로 사진을 찍었다. 그림과 사진을 비교해보는 재미가 쏠쏠하다. 둘째, 저자가 화가라는 점이다. 저자는 화가로서 파리를 사랑한 선배화가들의 심정이 되어 그들의 그림을 읽는다. 그림을 그려본 사람만이 느낄 수 있는 감정과 시각으로 잔잔한 감동을 준다. 예컨대 프랑스 오지에서 어렵사리 찾아낸 세잔의 〈맹시 다리〉를 보며 저자는 이렇게 말한다. "세잔은 호기심과 고독을 즐겼음에 틀림없다. 어둠이 내려앉은 맹시의 다리 위에서 나는 비로소 깨달을 수 있었다. 세잔을 만든 것은 왕성한 호기심이었고, 그는 누구보다도 고독을 사랑했다는 것을⋯." 동병상련의 심정이다.

이런 점들을 독자가 제대로 즐기게 하고 싶었다. 그래서 각종 '유혹의 기술'을 본문에 더했다. 책 제목, 꼭지명, 소제목, 도판, 도판설명, 약도 등을 최대한 살갑게 만들었다. 특히 책 제목과 꼭지명, 소제목 같은 것들은 독자를 유혹하는 데 중점을 두고 지었다.

제목으로 유혹하기 ⋯⋯⋯⋯ 제목은 '미끼'이자 '삐끼'다. 독자를 낚기 위해 최대한 섹시한 표정으로 '호객행위'에 나선다. 본문의 중간에서, 각 글의 앞쪽에서, 또 책의 표지에서 호시탐탐 독자를 노린다. 이 미끼에 낚인 독자는 대개 두 가지 반응을 보인다. 기분 좋은 독후감과 씁쓸한 독후감이 그것이다. 전자의 경우 독자는 제목을 뒷받침하는 내용이 좋아서 든든한 포만감을 맛본다. 반면에 제목의 광채에 비해 내용이 떨어지면, 독자는 배신감과 허탈감에 빠진다.

　탄탄한 내용에 붙인 멋진 제목은 독자를 환장하게 만든다. 나는 『20세기 건축의 모험』이건섭. 수류산방중심에 관한 글을 쓴 적이 있다. "톰 울프의 『바우하우스에서 오늘의 건축으로』편에 이런 소제목이 있습니다. "미국판 도올 선생, 톰 울프에 대하여" 저는 이 제목을 보는 순간 '아' 하고 탄성을 질렀습니다. 우리가 출간한 『현대미술의 상실』의 저자이기도 한 그는 "픽션과 논픽션을 자유자재로 넘나드는 기발한 구성으로" 상업적으로도 큰 성공을 거두어서, "우리나라의 도올 선생 독자처럼 미국에서는 그의 책이 나오기만 하면 사는 울프 독자층이 형성되어 있다"고 합니다. (중략) 때로는 잘 지은 소제목 하나가 독서욕에 불을 지르기도 합니다." 졸고 「20세기 건축과 디자인을 한데 '모으다'」

　『20세기 건축의 모험』은 20세기 건축과 디자인에 굵은 자취를 남긴 명저들을 소개한 책이다. 그 중 『바우하우스로부터 오늘의 건축으로』톰 울프, 태림문화사를 다룬 꼭지 「우리 집에 왜 왔니 왜 왔니 왜 왔니」에 "미국판 도올 선생, 톰 울프에 대하여"라는 소제목이 붙어 있다. 내가 이 책에 매혹된 계기도 이 기발한 소제목 때문이다.

독서의 집중도를 높이는 소제목 ········· 소제목은 본문 중간에 붙어 있는 제목이다. 독자가 책을 끝까지 따라 읽게 만들고, 책이 독자의 눈길에서 벗어나지 않게 하려는 장치인 셈이다. 사실 책을 읽는다는 것은 힘든 과정이다. 모두가 '세상에서 독서가 가장 쉬웠어요'라는 듯 '독서'를 들먹이지만 그것은 일종의 액세서리용 멘트일 가능성이 크다. 독서는 고도의 집중력과 에너지를 요구한다. 읽다보면 목이 뻐근하고, 마음은 시시각각 곁길로 빠진다. 이런 심리를 제어하기 위해 적당한 위치마다 소제목을 달아서 독서의 집중도를 높인다.

소제목에는 두 종류가 있다. 내용 지향적인 제목과 독자 지향적인 제목이다. 첫째, 내용 지향적인 제목은 소제목이 해당영역의 본문 내용을 요약 함축한 형태를 말한다. 각종 논문류나 학술서의 소제목을 떠올리면 된다. 내용 전달에 충실한 경우다. 일반 독자보다는 전문적인 독자를 위한 경우가 대부분이다. 둘째, 독자 지향적인 제목이다. 이 제목은 본문 내용을 요약하되 맛깔스럽게 가공해 독자가 필이 꽂히게 하는 방식이다. 심한 경우는 소제목의 기능이 지나치게 독자를 유혹하는 데만 쏠릴 때도 있다. 독자 지향적인 대중 잡지나 일간지의 소제목이 대표적이다. 이들에 비하면 단행본의 소제목은 독자를 지향하되 내용에 충실한 편이다.

『화가들이 사랑한 파리』의 소제목은 두 번째 기능으로 독자에게 어필하고자 했다. 초고에는 소제목이 없었다. 꼭지명 하나에 글 한 편이었다. 원고를 검토하면서 적당한 위치마다 소제목을 달았다. 쉽지 않았다. 한 단락에 하나의 정보가 언급되지 않았을 뿐더러 여러 개의 정보가 뒤엉킨 경우가 많았기 때문이다. 이럴 때는 적당한 소제목 위치를 정하지 못해 애를 먹었다. 일단 뒤엉킨 정보부터 분리하고 저자에게 내용을 보충해달라고 했다. 불필요한 부분은 과감하게 삭제하고.

꼭지명은 능력 있는 '삐끼' ········ 다음으로 꼭지명은 어떤가? 소제목이 원고의 중간에서 활약하는 것이라면, 꼭지명은 해당 원고 앞에서 '삐끼' 역할을 맡는다. 여기에도 내용을 함축하고 독자를 유혹하는 기능이 담겨 있어야 한다. 사실 좋은 꼭지명은 본문 내용을 함축하되 독자가 원하는 스타일로 요리된 것이다. 초보저자의 소제목은 내용 함축에만 신경 쓴다. 반면에 '선수'들은 내용을 압축한 제목을 독자의 구미에 맞게 가공한다.

『화가들이 사랑한 파리』의 초고에서 꼭지명은 무표정했다. '알프레드 시슬리와 마흘리 항구의 홍수' '니콜라스 드 스타엘과 그르넬 센 강가'처럼 정직하게 내용만 간추린 것이었다. 이런 정보 위주의 제목보다는 감성적인 제목이 필요했다. 초고의 꼭지명은 손질해서 부제로 내리고, 독자를 부드럽게 유혹할 수 있는 새로운 꼭지명을 추가했다. '알프레드 시슬리와 마흘리 항구의 홍수'는 '고요한 홍수의 추억'으로, '니콜라스 드 스타엘과 그르넬 센 강가'는 '연극적인, 너무나 연극적인 생'으로 변신했다. 꼭지명 짓기에는 유행어를 차용하거나 호기심을 자극하는 감성적인 문구를 끌어들였다. 예컨대 영화 〈살인의 추억〉에서 '고요한 홍수의 추억'을, 니체의 책 제목인 '인간적인 너무나 인간적인'에서 '연극적인 너무나 연극적인'을 끌어내는 식이다. 지명도 높은 익숙한 말에 편승해 관심도를 높이려는 전략이었다.

'낚시'를 잘 하는 제목의 비밀 ········ 제목 가운데 가장 비중이 큰 책 제목을 살펴보자. 책의 몸짓에 맞고 독자에게 어필하는 이름이 바로 책의 제목이다. 잘 지은 제목 하나가 책의 판매부수를 끌어올리거나 한 시대의 대표적인 키워드가 되기도 한다. 저자가 생각한 책의 제목은 '풍경의 진실을 찾아서'였다. 나쁘지 않았지만 만족할 수는 없었다. '풍경의 진실'이 무슨 뜻인지 쉽게 와 닿지 않았다. 추측컨대 '풍경'은 명화를 뜻하고, '진실'은 그 풍경의 현장을 말하는 듯했다. 한 달음에 와서 안기는 맛이 적었다.

제목은 두 가지 방식으로 지을 수 있다. 첫째, 본문의 꼭지명에서 책 제목을 차출하는 방식이다. 그런데 꼭지명을 살펴본 결과 '제목감'이 적었다. 또 눈에 띈다 해도 책 제목이라는 대권을 장악하기에는 그릇이 작았다. 둘째, 원고 전체를 아우를 수 있는 제목을 짓는 방식이다. 제목을 짓는 일반적인 작명법이다. 내용을 껴안고 독자의 마음속으로 장렬히 투신하는 논개 같은 제목을 짓기란 쉽지 않은 일이다.

제목을 감성적으로 짓되, 부제를 더해서 책 내용을 확실히 전하는 쪽으로 방향을 잡았다. 고민을 하다가 다른 기획안에서 제목으로 잡아둔 문안을 가져왔다. '화가들이 사랑한 파리'. 한 여성 패션지 기사의 꼭지명에서 힌트를 얻은 제목이다. 국내 유명 디자이너가 영감을 얻은 화가들을 소개하는 기사였는데, 꼭지명이 '디자이너가 사랑한 화가'였다.

제목을 보는 순간 이거다 싶은 느낌이었다. '풍경의 진실'을 대신할 제목으로 '화가들이 사랑한 파리'는 안성맞춤이었다. 전체를 아우른다는 점에서 '풍경의 진실'이나 '화가들이 사랑한 파리'는 같은 범주로 볼 수 있다. 하지만 '풍경의 진실'에 비해 '화가들이 사랑한 파리'는 구체적인 느낌을 준다. 책의 성격을 단적으로 드러내는 '화가'와 예술의 도시 '파리'가 결합되어 호기심을 자극하는 효과도 있었다. 꼬인 실타래가 풀리듯 후속작업까지 일사천리로 풀렸다. 제목 덕분이다. 표지문안부터 보도자료, 광고카피까지 밑그림이 선명하게 그려졌다. 부제는 '파리에 매혹된 어느 화가의 그림현장 답사기'로 달았다. 유혹의 기능이 강한 제목만으로는 정작 책 내용을 모를 수 있기 때문에 부제에서 내용을 조금 명료하게 밝혀주었다. 도서안내 자료에 제목과 부제만 수록될 경우를 고려한 처방이기도 하다.

제목은 독자를 책으로 이끄는 '유혹의 문'이다. 책을 읽은 후에는 한 권의 책을 기억하게 만드는 중요한 키워드가 되기도 한다. 작은 씨앗 속에 넝쿨과 잎, 꽃, 열매가 압축되어 있듯이 제목도 마찬가지다. 짧은 제목 속에 한 권의 책이, 한 편의 글이, 한 단락의 내용이 전부 들어 있다. 제목은 씨앗이다. 책은 제목과 더불어 기억의 뜰을 가꾼다. 대중서의 경우 제목은 책의 내용을 바탕으로 하되, 독자가 원하는 표현으로 가공하는 것을 우선으로 친다. 과장되게 말하면, 책의 제목은 내용에서 나온다기보다 독자의 마음에서 나오는 것이라 하겠다. 독자의 심리적인 기대치를 바탕으로 작명되는 것이 제목이다. 편집기자 출신인 한 미술 담당기자는 기사를 쓸 때, 제목부터 화끈한 것으로 뽑아놔야 기사가 일사천리로 쓰인다고 한다. 그만큼 제목이 중요하다는 뜻이다.

제목은 일종의 '낚시글'이다. 독자라는 월척을 낚기 위해 무장한 강태공이 바로 제목이다. 소제목, 꼭지명, 책 제목은 단 한 명의 독자라도 더 유혹하고자 부단히 페르몬 향을 발산한다. 향기롭고 강한 제목만이 독자의 마음을 열 수 있다. 그림과 현장이라는 흥미로운 컨셉트 외에 『화가들이 사랑한 파리』에 날개를 달아준 것은 바로 제목이었다.

일기로 닦은 '경매장 가는 길'

"저, 차나 한잔 하시겠습니까?" 한국예술종합학교 총장을 지낸 음악평론가이자 소설가인 이강숙은 부인과의 인연이 이 한마디로 결정됐다고 회고한다. 당시 국어교사였던 부인에게 겨우 꺼낸 한마디가 두 사람의 운명을 한데 묶었다는 것이다. 『경매장 가는 길』과의 인연도 그랬다. '박정민 선생님께'로 시작한 한 통의 이메일이 결정적이었다. 2004년 상반기였을 거다. 월간 〈네이버〉에 연재되던 '박정민의 그림이야기'를 탐독해오다가 용기를 냈다. 조심스럽게 출간 제의를 한 것이다. 조마조마했다. 그런데 뜻밖에도 긍정적인 답변을 받았다. 순간 박하사탕을 깨문 듯 가슴이 환해졌다. 그렇게 맺어진 인연이 지금까지 계속되고 있다.

이메일 한 통으로 맺은 인연 ⋯⋯⋯ 출판 일을 하다 보면 각종 잡지를 유심히 보게 된다. 무의식적으로 '물 좋은' 원고를 찾는 것이다. 그러다가 미네랄이 풍부한 연재물을 발견하면 필자를 수소문하여 출간을 제의한다. 그런데 흥미로운 사실이 있다. 대부분의 출판 관계자(기획·편집자)가 이미 다른 출판사에서 필자에게 접촉을 했을 것이라 짐작하곤 말조차 꺼내보지 않는다는 점이다. 나도 그랬다. 이미 누군가가 출간 제의를 했으리라는 지레짐작으로 마음을 접곤 했다. 실상은 그게 아니었다. 문을 두드려 보니 내게도 기회가 있었다. 이런 경험을 하고 난 뒤로는 늦게나마 좋은 원고를 보면 일단 연락을 취하곤 한다. 가능성은 50퍼센트지만 가만히 있기보다는 연락을 취하는 편이 낫다. 50퍼센트의 가능성이 100퍼센트가 될 수도 있다.

『화가들이 사랑한 파리』『서늘한 미인』『그림이 내게 말을 걸어왔다』와 마찬가지로 작업과정이 행복했던 『경매장 가는 길』은 그렇게 한 통의 이메일로 시작되었다. 이 책은 뉴욕의 세계적인 경매회사 소더비와 크리스티에서 저자가 겪은 견습시절의 체험과 일상을 담은 일기다. 그래서 "그림을 보는 방법, 그림을 사랑하고 아끼는 사람들, 그림을 수집하는 사람들, 그림으로 생활을 하는 사람들, 가짜 그림과 진짜 그림을 구별하는 방법, 뉴욕의 예술정보, 경매사인 소더비와 크리스티의 뒷이야기들… 생생한 뉴욕 현장의 예술과 예술을 사랑하고 수집하는 사람들의 욕망이 자연스럽게"_{보도자료} 펼쳐진다.

뜻밖의 원고, 뜻밖의 행운 ········· 저자에게 출간에 대한 긍정적인 답변을 받고, 〈네이버〉에서 연재물을 '펌질'했다. 원고지로 330여 매. 한 권의 책이 되기에는 턱없이 모자랐다. 저자에게 추가원고와 팁 작업을 요청했다.

저자가 뉴욕에 거주하고 있었기 때문에 이런 요청 역시 이메일로 이뤄졌다. 당시 저자는 세계적인 미술품 경매회사 소더비를 거쳐 크리스티에서 예술품 감정사가 되기 위한 과정을 밟고 있었다. 직접 만나기 전까지 얼굴도 모른 채 이메일만 주고받았다. 2004년 12월 경, 저자가 잠시 귀국하는 길에 만났다. 세련된 스타일에 훤칠한 외모가 패션모델 같았다. 생각과 언행이 발랄하고 아기자기했다. 이야기가 술술 풀렸다. 저자의 밝고 경쾌한 분위기

마저 디자인으로 살려야겠다는 생각을 했다. 장시간에 걸쳐 뉴욕 생활과 경매장, 책 이야기를 나누었다. 그러다 저자가 색다른 원고를 내밀었다. 경매장에서 일하며 하루하루 일상을 적어나간 일기였다. 솔직하게 드러낸 일상이 어항 속처럼 투명했고 감각적인 표현이 글맛을 더했다. 가령 요요마의 "첫인상은 음식으로 비유하자면 전골요리 같았다. (중략) 사람들을 상대할 때는 마치 액체처럼 자유롭게 모양을 바꿔 이내 신나게 어울리는 모습이, 마치 어떤 재료를 넣어도 어우러져 나름의 맛을 내는 전골요리를 연상케 한 것이다." 「내 사랑 요요마」 일반인이 접근하기 어려운 경매장 내부의 정보도 담고 있었다. 틈틈이 찍어둔 사진도 있다고 했다. 구미가 당겼다. 하지만 설명이 생략된 몇몇 대목은 독자의 이해를 돕기 위해 수정 보완할 필요가 있었다. 나는 즉석에서 단행본 작업에 필요한 사항을 알려주었다.

1. 본문 구성은 일 년 열두 달로 하고 각 달마다 일기를 일정한 분량으로 엄선하여 수록한다. 2. 본문의 적당한 위치마다 전문적이거나 흥미로운 내용의 긴 팁을 넣는다. 전문과 팁은 디자인으로 구분한다. 3. 경매장 관련 이야기가 많은 만큼 희귀한 도판을 많이 넣는다. 생생한 현장 사진은 책의 강점이다. 4. 틈틈이 그린 그림과 수첩에 한 스케치를 그대로 삽입한다. 사진과 달리 스케치에서는 저자의 체취를 고스란히 느낄 수 있기 때문이다. 5. 실용성을 고려해 각 달이 끝나는 지점에 뉴욕의 명소를 소개한다.

일기를 출간하기로 한 까닭 ········ 선뜻 일기를 출간하기로 결심한 이유는 미술시장에 대한 개인적 관심과 내부자의 시선으로 본 경매장에 대한 흥미뿐만이 아니다. 매장량이 풍부한 광맥 같은 저자의 가능성 때문이기도 했다. 그는 일에 대한 열정이 넘쳤고 그릇이 컸다. 앞으로의 활동무대는 세계 미술시장이었다. 특유의 친화력과 전문성을 겸비해 세계 미술시장에서 활약할 만한 재량이 보였다. 더욱이 그가 배우던 경매장 일은 미술시장의 일부이기도 했다. 지금도 그렇지만, 당시 나는 국내외 미술시장의 동향에 관심이 많았고 미술시장 관련서를 쓸 만한 저자를 찾고 있었다. 하지만 그럴 만한 사람이 눈에 띄지 않았다. 전문성이 있다 싶으면 필력이 부족했다. 그러던 중에 만난 저자는 전문성에 글발까지 갖추고 있었다. 오염되지 않은 자기만의 표현이 싱그러웠다. 아이템도 풍부했다. 미술대중서 저자로서 가능성이 보였다. 속으로 '심봤다'고 외쳤다.

저자가 가진 전문성과 콘텐츠, 그리고 자기만의 관점과 글발에 기대를 걸었다. 작업을 지속적으로 함께해야겠다는 생각을 했다. 그러기 위해서는 일기를 먼저 출간할 필요가 있었다. 저자를 알리기 위한 사전 작업이기도 했다. 사적인 일기를 통해, 일상과 예술작품에 감응하며 기뻐하고 슬퍼하는 저자의 인간적인 모습을 독자에게 먼저 인식시키고 싶었다. 그런 다음에 전문성을 살린 책들로 저자의 이미지를 확고히 심어주자는 생각이었다.

나는 저자의 뜻을 받아들여 연재원고 작업은 다음 기회로 미루자고 했다. 이런 과정을 밟기로 한 데는 그럴 만한 사연이 있다. 한젬마의 책들을 보면서, 그가 유사한 방식으로 '소비'되는 것 같아 안타까웠다. 지명도 있는 저자를 비슷한 아이템과 이미지로 마냥 소비해서는 곤란하다. 이전보다 업그레이드된 기획으로 부단히 저자의 다른 면모를 보여줄 필요가 있다. '한젬마 대필 사건'의 발단이 된 책들(『화가의 집을 찾아서』『그 산을 넘고 싶다』)은 저자의 새로운 면모를 보여주고자 했다는 점에서는 시사하는 바가 크다. 일기 작업은 다음 책을 염두에 둔 사전 작업의 의미도 있었다. 본문과 표지에 인물 사진을 적극 배치한 이유도 저자를 홍보하기 위한 포석이었다.

독자를 위한 특별한 코디네이션 ········ 일기는 사생활의 기록이다. 남에게 보여주기 위한 글쓰기가 아니다. 하지만 공적으로 출간하려면 자신만을 위한 독백이어서는 곤란하다. 독백은 독백이되 독자가 읽고 참여할 만한 정보가 있어야 한다. 배우가 독백을 할 때 관객이 알 수 있게 하는 것처럼. 그렇지 않으면 글이 독자의 눈 밖에 나는 상황에 처할 수도 있다. 그래서 저자와 몇 가지 방안을 상의했다.

첫째, '독자를 위한' 내용 보완이다. 개인적인 기록을 화려한 수사로 포장하라는 말이 아니다. 저자만 아는 내용이 있다면 독자도 알 수 있게 자세한 설명을 더해달라는 뜻이다. 초고에서 이런 점이 심심찮게 발견되었다. 자신은 아는 이야기여서 구체적인 설명 없이 넘어갔는데, 독자인 내가 보기에는 그 부분이 몹시 궁금했다. 가령 화가 이야기를 하는데, 그에 관한 정보가 생략된 채 글이 전개되는 식이다. 물론 사적인 일기에서는 설명을 생략해도 된다. 하지만 책으로 출간하려면 그 미술가에 관한 간단한 설명이라도 더해줄 필요가 있다. 그래야 독자가 저자의 이야기를 따라 읽으며 해당 화가를 알 수 있다. 나는 설명이 필요한 대목에 밑줄을 친 뒤 내용을 보충해달라고 했다. 내가 주문한 것은 일기 내용은 그대로 유지하되 독자의 입장에 선 친절한 설명이었다. 저자와 손발이 척척 맞았다. 내용이 '빵빵'해졌다. 이런 식으로 수정보완을 거쳐 완성된 원고를 받았다.

둘째, 별도의 긴 팁을 요구한 것은 글의 건강을 고려해서였다. 일기가 주는 사적이고 단편적인 점을 듬직하게 보필해줄 원고가 필요했다. 저자의 전문성이 살아있는 긴 이야기를 팁으로 추가한다면, 책의 전체적 균형을 잡을 수 있겠다

73

싶었다. 그래서 경매장의 움직임을 상세히 소개한「경매장 이야기」, 건물포장작업으로 유명한 크리스토 부부의 인터뷰와 그들의 거대한 프로젝트「더 게이트」이야기, 미술품 감정 TV쇼와 소더비 경매학교의 중간고사 문제풀이, 그림 감상법 소개, 소더비와 크리스티 경매학교에서 배운 것들을 추가했다. 이들을 홀수 달에 각각 배치했다.

셋째, 실용적인 기능도 살렸다. 짝수 달에는 뉴욕의 명소(「아, 여기가 바로 거기!」)와 현대미술 관련 행사(「뉴욕의 ○○, 뭐 특별한 거 없을까?」)를 소개했다. 뉴욕을 방문할 이들을 위해서였다. 명소에 관한 사진과 간단한 설명, 그리고 주소와 교통편을 붙였다. 보고 읽는 것만으로도 즐길 수 있게 했다.

넷째, 사적인 부분을 보완하기 위한 또 하나의 장치는 희귀한 사진들이다. 저자는 틈틈이 경매장 내부 풍경을 디카로 촬영해두었다. 내부자가 아니면 접근하기 힘든 장면들이었다. 이런 도판만으로도 책이 돋보일 수 있다. 경매장의 작품 수장고와 집에 미술관을 짓는 컬렉터들의 컬렉션 사진 등은 시각적으로도 흥미를 끈다. 더욱이 사진 중에는 2000년 11월 소더비 경매에서 최고가로 낙찰된 피카소의〈파이프를 문 소년〉을 소장한 컬렉터의 거실 사진도 있었다. 언론에서는 그 작품만 소개했다. 그런데 저자는 작품이 걸려 있던 소장자의 집 거실 내부사진을 구한 것이다. 나는 이 희귀한 사진을 받는 순간 흥분했다. 엄청난 금액의 작품이 소장가의 거실에 아무렇지 않게 걸려 있는 모습이 신기하기도 했다. 이런 사진은 내부 관계자가 아니면 촬영할 수 없는 것들이다.

다섯째, 저자의 스케치도 책을 아기자기하게 만들었다. 저자는 잡지를 오려서 콜라주하거나 스케치를 하고 물감을 칠하는 등 틈틈이 그림을 그리고 메모를 하고 있었다. 그것 역시 구미가 당겼다. 그래서 전체 디자인을 방해하지 않는 선에서 책에 수록했다. 저자의 '손맛'을 느낄 수 있는 작품 또한 이 책의 미덕이다.

"베테랑 웨이트리스 같은 그림감정사가 되고 싶다. 훌륭한 그림감정사는 노련한 웨이트리스가 되는 것과 별 다를 게 없다. 감정가는 요리사도, 식탁에 앉아 있는 손님도 아니다. 요리사는 화가의 역할이고, 음식은 그림이고, 손님은 고객이다. 그러나 좋은 웨이트리스가 되려면 음식에 대해서 꿰뚫는 것은 기본이고 식당의 역사, 식당 주변의 가볼 만한 곳, 손님의 취향, 식사의 과정과 서비스까지 흐르는 물처럼 알고 있어야 한다." 「저자의 말」

책은 곧 저자다. 책은 물질적 형식에 내용을 담은 것이지만, 저자의 이미지를 시각적으로 조형한 것이기도 하다. 그래서 나는 종종 디자인으로 저자의 이미지를 어떻게 시각화할까를 고민한다. 『경매장 가는 길』도 마찬가지다. 사람을 행복하게 만드는 저자의 표정처럼 디자인으로도 그런 느낌을 주고 싶었다. 시각적인 디자인에서 독자가 저자를 느낄 수 있게 말이다. 이런 생각을 토대로 디자이너가 작업해온 본문디자인 시안을 검토했다. 그 결과 "방에서 가장 햇볕이 잘 드는 장소에 놓아두고, 틈틈이 친구처럼 들여다보고 싶은 책" 인터넷 교보문고 'totobo' 독자리뷰을 만들 수 있었다. 보는 것만으로도 기분 좋은 책, 읽으면 행복해지는 책이 바로 『경매장 가는 길』이다.

경매회사로서 블룸버스터 같이었다.

"나는 결코 어린아이처럼 데생을 그린 적이 없다. 열두 살 때도 이미 라파엘로처럼 그렸다."

이런 피카소의 말처럼 이 작품은 완벽한 테크닉을 구사하고 에너지가 가득 넘치며, 절제할 때와 발산할 때를 정확히 피아에 살정돈된 느낌을 준다. 피카소는 평생 단 한 번도 정돈된 삶을 살지 않았고, 무질서 속에서 사는 것이 삶의 목표였던 사람이다. 정돈과 질서는 오히려 아이디어와 창조성을 해친다고 믿었다. 그에겐 무질서가 동사나 다름없었기에, 이 작품은 이례적으로 다가온다.

원래 다작의 화가로, 알려진 피카소지만, 이상하게도 1905년에는 유독 작품 활동이 비교적 뜸했다. 1905년 작품이 워낙 희귀한 데다가, 그 때에 그린 그림이 가장 뛰어난 작품으로 꼽히기 때문에 역사적인 프리미엄은 높을 수밖에 없다. 당시 화상인 불라르가 2,000프랑을 주고 이 시기에 제작된 대부분의 그림을 사들였다. 이 일은 나중에 억만장자가 된 피카소 삶의 서막을 예고해주었다.

이런 비하인드 스토리는 거런 채, 홍보자료는 언론을 통해 꾸준히 증식을 반복하여 복제되었다. 작품의 가치나 미학보다는 높은 가격을 더욱 부각해서 언급하는 언론의 속성에 힘입어 「파이프를 든 소년」은 곧 화제의 정점에 오른다. 2000년부터 작품가격의 상한가를 달리던 피카소의 그림은 이 작품의 선전으로 인해 2003년에서 2004년 사이에만 평균 투자이익이 220% 상승했다.

132   5장   133

세계의
미술품이
움직이는
곳

"땅에 바늘을 꽂고 하늘에서 작은 씨앗을 떨어뜨려 바늘에 씨앗이 꽂힐 확률, 계산도 안 되는 이 작은 확률로 너와 내가 만난 것이다."
영화 「번지 점프를 하다」에서

"꿀줄 숙녀분, 3천 2백만 달러, 원쪽 신사분, 3천 3백만 달러, 3천 4백만 달러 있으십니까? 없으시면 이 그림은 신사분께 돌아갑니다."

소더비의 노련한 경매사 빌 스텔은 칸딘스키의 그림값을 부르는 동안, 나는 7층 경매장의 복도를 지나 실아서 철문 쪽으로 들어섰다. 사무실에서 기다리던 스페셜리스트 레슬리 키노에게 19세기 말에 그려진 시골 아낙네의 그림을 넘겨주기 위해서였다. 나는 철문을 지나 신원 인식기에 ID 카드를 긋고 안으로 들어갔다. 난생 처음으로 소더비 그림 창고를 접하는 순간이었다.

찰고에 빼곡히 쌓여 있던 수많은 그림과 내 손에 들려 있던, 경매 출품을 거절하는 편지들 사이에서 나는 약간의 현기증을 느껴야만 했다.

좋은 작품, 가치 있는 작품, 가능성 있어 보이는 작품, 가치 없는 작품 등 등급이 나뉘던 작품들이었지만 내게는 모두 귀해 보였다. 가치가 없다고 판단된 그림들조차 종종 정신을 잃게 할 정도로 나를 매혹시켰다. 그렇게 분류된 그림일망정 저마다 자기만의 색으로 광채를 띠고 있었다.

우와! 여기가 세계 미술품을 움직이는 곳이구나.

나는 탄성을 연발하며 레오나르도 다빈치부터 낙서화가 키스 해링의 그림까지 빼곡히 들어선 그 긴 창고를 이겨가기 살펴보았다. 어떤 인연으로 나는 이 창고 속에서 세계적인 그림들과 마주 서 있는 것일까. 누구나 자기가 사랑하는 존재와의 만남을 '인연'

14   1탑   15

세계의 미술품이 움직이는 곳
구겐하임 미술관에서 만난 화가 제임스 로젠퀴스트

1월
경매장에서
그림에
말을 걸다

이 그림이 도대체 왜 비싼가요?
조명균

✻ 경매질 알아? : 경매장은 영화 속에만 나올 것 같다구요?

뉴욕의 크리스마스,
뭐 특별한 거 없을까?

+ 성당 건축에 관심이 있다면 | 세 인 트 패 트 릭 성 당 St. Patrick Cathedral

세인트 패트릭 성당은 독일의 쾰른 성당에 영향을 받아 1858년 건축가 제임스 렌윅에 의해 착공되었으나 남북전쟁으로 1878년에 완성되었다. 미국 가톨릭교회 역사의 중심으로도 불리는 이곳은 스테인드글라스와 파이프오르간(7,855개), 101m 높이에 이르는 2개의 고딕 첨탑이 유명하다. 특히 성 마이클과 성 루이스의 제단을 주의해서 보자. 티파니와 티파니 컴퍼니가 당시 이 제단을 디자인하는 영광을 얻었다.

장소   50가, 51가 사이와 5번 애버뉴
교통편 지하철 B, D, F선을 타고 47-50가 록펠러 센터에서 하차
시간   아침 6:30~저녁 9:30, 매일

+ 록펠러 센터에서 스케이트를 타보고 싶다면 |
록 펠 러 센 터 아 이 스 링 크 Rockefeller Center Ice Rink

1931년에 준공된 아르데코 양식의 록펠러 센터는 완공까지 9년이 걸렸다. 조각상들과 장식적인 외관으로 겨울에 가장 운치 있는 곳이다.

장소   록펠러 플라자 1번지
때   10월 중순~4월 초까지. 링크는 12월의 첫째 주에 점등된다.
입장료 월요일~목요일에는 성인 13달러, 어린이(열두 살 이하) 9달러
        금요일~일요일에는 성인 15달러, 어린이 10달러
        스케이트 대여비 : 7달러
교통편 지하철 B, D, F선을 타고 47-50가 록펠러 센터에서 하차
인터넷 www.therinkatrockcenter.com

+ 센트럴 피크를 내려다보며 재즈를 듣고 싶다면 |
디 지 클 럽 재 즈, 링 컨 센 터 Dizzy's Club Coca-Cola Jazz at Lincoln center

책을 살리는 이미지 메이킹

책은 '이미지 메이킹'의 산물이다. 독자는 책을 읽을 때 이미지 메이킹된 내용을 접한다. 화장을 곱게 먹은 얼굴처럼 이미지 메이킹이 좋으면 독후감에도 화색이 돈다. 제목, 표지디자인, 본문디자인, 뒤표지 문안 등 내용을 효과적으로 전하기 위한 모든 장치가 이미지 메이킹 대상이다. 대부분의 화장이 그렇듯 책은 이미지 메이킹에 따라 얼마든지 다른 인상을 줄 수 있다. 첫인상이 구매심리에 영향을 미치는 현실에서 이미지 메이킹의 중요성은 갈수록 커진다.

카피와 보도자료 '행복'으로 메이크업하다 ········ 박정민의 『경매장 가는 길』은 특히 뒤표지 문안과 보도자료를 통해 이미지 메이킹 전략을 충분히 발휘한 사례다. 이 책을 읽으면, 뭐라고 한마디로 규정지을 수는 없지만 기분 좋은 느낌을 받게 된다. 아기자기한 본문디자인, 저자의 발랄한 감수성과 진솔한 이야기에 힘입은 것이기도 하다. 나는 이 막연한 독후감의 정체를 '행복'으로 규정지었다. 헤드카피는 "경매장에는 그림처럼 행복하게 사는 법이 있습니다!"로 뽑았다. 독자가 느끼는 기분 좋은 독후감을 '그림처럼 행복하게 사는 법'으로 연결하고자 한 것이다.

뒤표지의 카피를 뽑는 방법은 다양하다. 본문이나 저자의 말에서 찾거나 순수하게 창작하는 경우가 일반적이다. 원고를 검토하거나 교정을 보는 틈틈이 강렬한 인상의 문안을 정리해두었다가 그것을 그대로 사용하거나 각색하면 된다. 아니면 전체적인 독후감을 토대로 창작하는 것도 좋다. 이때 카피는 독자가 좋아하는 요소를 효모 삼아 발효시켜야 한다. 카피는 독자가 좋아하고 원하는 쪽일 때 효과가 크다.

『경매장 가는 길』의 뒤표지 카피는 저자와 나눈 대화의 산물이다. 때로는 저자와의 대화가 원고 내용과 방향에 직접적 힌트를 주기도 한다. 기획 단계에서든 편집 단계에서든 적절한 대화는 원고를 근육질로 만든다. 이 책도 저자와 가진 직·간접적인 대화가 보약이 되었다. 이메일과 미팅을 통해 자주 주고받았던 말이 '행복'이었다. 저자와의 대화는 어떤 방식이든 즐거웠다. 세계적 예술품 경매장인 소더비와 크리스티, 뉴욕 미술계의 뒷이야기, 어린 시절, 사는 이야기 등은 일반인이 경험할 수 없는 색다른 세상이었다. 저자와 나눈 이야기 중에 '사람이 사는 것은 행복해지기 위해서다' '부모님은 내가 행복하다면 어떤 방식의 삶이든 믿고 응원해 주신다' 같은 말이 유난히 기억에 남았다. 다 아는 말인데도 저자를 통해 그 말의 진가를 새삼 발견한 것이다. 책도 다를 바 없다. 사람이 행복해지기 위해 존재하는 것이 책이기 때문이다. 저자의 이메일은 "늘 행복하셔야 해요" "행복하세요" 같은 말로 끝을 맺었다. 내게 그런 말들이 예사롭지 않게 들렸음은 물론이다. 저자가 행복 운운한 데는 삶에 대한 나름의 철학이 담겨 있었다. 『경매장 가는 길』은 저자의 행복한 모습과 행복하게 사는 방식을 솔직하게 보여준다. 그림을 가까이하면서 사는 '그림 같은 행복' 말이다.

교정지를 저자에게 보내고 뒤표지에 들어갈 문안을 작성할 때였다. 담당 디자이너에게 표지디자인을 의뢰하기 위해 문안이 필요했다. 섹시한 문안을 찾아서 교정지를 뒤적였다. 미리 눈여겨봐

둔 인상적인 문안도 곱씹어보았다. 매끈한 카피가 좀체 떠오르지 않았다. 그러다가 불이 번쩍 들어왔다. 행복 운운한 말이 떠오른 것이다.

'행복'이라는 키워드를 바탕으로 카피를 작성했다. 책의 내용인 '경매장 이야기'와 '행복'을 버무린 끝에 '경매장'과 '행복'을 키워드로 카피 초안을 뽑았다. "경매장에는 행복하게 사는 법이 있습니다." 그런데 왠지 미진했다. 저자가 그림과 관련된 인물인 만큼 '그림처럼'이란 말을 덧붙여 보았다. 감이 좋았다. 최종적으로 "그림처럼 행복하게 사는 법"으로 정리했다. 그렇게 "경매장에는 그림처럼 행복하게 사는 법이 있습니다!"라는 헤드카피가 태어났다. 책의 내용은 서브카피로 구체화했다. "영화 속 빨간 구두 한 켤레에 반해서 뉴욕으로 가출한 젊은 그림 감정사/ 그가 들려주는 뉴욕 소더비와 크리스티의 싱싱한 미술품 경매이야기"가 그것이다. 카피를 통해 행복하게 사는 저자의 모습에 독자가 궁금증을 가지게끔, 저자가 하는 일＋세계적인 명성의 경매장＋체험적인 내부 이야기를 버무린 것이다.

이 책은 고난 끝에 성공한 사람들이 펴내는 성공담이 아니다. 오히려 "뭔가 일이 잘 풀리지 않던 시간들, 못나가던 시간들"을 통해 뉴욕 미술 시장에서 그림 감정사로 걸음마를 시작한 한 여성의 '행복한' 땀방울을 보여준다. (중략) 장차 '베테랑 웨이트리스 같은 그림 감정사가 되고' 싶은 지은이는 보온병처럼 따뜻한 사람이다. 그의 "큰 잠재력은 어떤 환경에 처해도 주변사람들까지 행복하게 만드는 천부적 재능이다." 웬델 가렛／ 소더비 시니어 스페셜리스트, 추천사

뒤표지 문안의 '행복론'은 보도자료로 이어졌다. 보도자료를 작성하면서 『경매장 가는 길』을 행복한 책으로 소개했다. 책의 특징을 중심으로 서술하되, 서두에서 행복한 내용으로 시작하여 말미에서도 행복하게를 강조하는 방식으로 끝을 맺었다. "경매장 가는 길은, 미술품을 만나러 가는 길이다. 아니다. 그 미술

품을 만나서 작가를 만나고, 컬렉터를 만나고, 역사와 세상을 만나는 길이다. 그리하여 경매장 가는 길은 작품을 매개로 행복하게 사는 법을 배우는 길이다." 보도자료의 마지막 대목이다. '경매장 가는 길'이 단순한 경매장 이야기가 아니라 '작품을 매개로 행복하게 사는 법을 배우는 길'임을 알려주기 위한 조치였다.

사실 보도자료의 독자(기자)에게 책이란 '보도자료의 부속물'이다. 편집자에게는 보도자료가 책의 부속물이지만 기자는 보도자료 → 책의 순으로 정보를 접한다. 보도자료에서 받은 인상을 통해 책을 검토하거나 기사의 방향을 잡는다. 이런 점까지, 즉 기자와 일반 독자의 심리까지 고려하여 보도자료를 만들고 뒤표지 문안을 작성했다.

뒤표지는 책의 광고판이다. 광고는 독자가 필요로 하는, 독자의 구미를 당길 만한 정보를 제공한다. 같은 맥락에서 책의 광고판인 뒤표지는 독자를 유혹하는 기능도 있지만 책을 새롭게 포장하는 기능도 있다. 가령 초가집을 그려놓고 '초가집'이라는 제목을 붙이는 것보다 '향수'라고 붙이는 것이 더 큰 울림을 주는 것과 같다. 초가집 그림은 '향수'라는 제목에 힘입어 더 큰 의미의 장에서 독자를 춤추게 한다. 뒤표지는 책의 이미지를 한 번 더 극적으로 포장할 수 있는 최고의 공간이므로 이곳을 '철저하게' 광고로 이용할 필요가 있다. 알다시피 독자는 책을 접할 때, 제목을 보며 호기심을 가진 뒤 구체적인 내용을 알기 위해 뒤표지를 들여다본다. 뒤표지까지 진입한 독자를 매혹적인 문안으로 붙잡아야 한다. 독자가 입질만 하다가 '물만 먹고 가지요' 하게 만들어서는 안 된다. 뒤표지 카피는 철저히 구매자의 심리로 써야 한다.

　일간지 광고문안도 뒤표지 문안과 같은 맥락에서 뽑았다. 일반인에게 생소한 미술품 경매장 이야기를 전면으로 내세우는 것은 자살행위와 다름없다. '제발, 이 책을 사지 마세요'라고 대놓고 광고하는 것과 마찬가지다. 그래서 직접적인 정보는 감추고 말랑말랑한 내용으로 헤드카피를 뽑았다. "나는 미술로 사랑을 표현하는 법을 배웠다!" 서브카피에서는 내용을 구체적으로 밝히되, 흥미로운 정보로 다시 포장했다. "영화 속 빨간 구두 한 켤레에 반해서 뉴욕으로 가출한 젊은 그림 감정사/ 그녀가 들려주는 아주 특별한 뉴욕체험과 상큼 발랄한 미술품 경매이야기." 뒤표지 문안을 약간 각색한 것이다. 그리고 저자의 이미지를 표지로 곧장 연결하기 위해서 표지에 사용한 저자 사진을 그대로 썼다. 뒤표지 카피와 광고 카피는 '동기동창'이다.

저자 사진을 표지에 내세우다 ……… 앞표지와 앞날개, 본문을 통해서도 책의 이미지 메이킹에 신경을 썼다. 저자와 장기적인 작업을 하기 위해서, 일종의 성장기로 볼 수 있는 책 내용에 맞게끔 저자를 홍보할 필요가 있었다. 저자는 모델처럼 훤칠한 키에 눈에 띄는 미모의 소유자다. 이런 장점은 시각적인 이미지를 적극 삽입하여 책을 아기자기하게 편집하려던 기획의도에 시너지 효과를 발휘했다.

　우선 본문 곳곳에 저자가 지인들과 함께 찍은 사진을 수록했다. 내용과 부합하는 사진들이어서 당연히 들어가야 할 것이었지만 장기적으로는 저자 홍보용이기도 했다. 그리고 각 달이 시작되는 도비라 페이지를 수첩 식으로 디자인하여 오른쪽 페이지에는 소제목을, 왼쪽에는 저자의 모습을 각각 수록했다. 다음으로 앞날개에는 약력 외에 저자를 소개하는 인터뷰 형식의 문안을 실었다. 이 문안은 본문에서 접할 수 없는 저자에 관한 정보를 직접 들을 수 있는 자리이다. 표지에

그림감정사 박정민의 행복한 뉴욕 경매일기

한 그림감정사는 노련한 웨이트리스가 되는 것과 별다를 게 없다. 감정가는
의 역할이고, 음식은 그림이고, 손님은 고객이다. 그러나 좋은 웨이트리스가
식당 주변의 가볼 만한 곳, 손님의 취향, 식사의 과정과 서비스까지 흐르는

아트북스

뉴욕에서 그림처럼 행복하게 사는 저자의 모습을 표지에 담았다.

83

는 그림을 배달 가는 저자의 모습을 크게 실었다. 동적인 포즈를 통해 활동적인 모습이 어필되도록 배달 가는 모습이 찍힌 사진을 골랐다. '경매장 가는 길'이라는 동적인 제목과도 어울리게.·그리고 너무 두드러지지 않으면서 눈에 띄게, 어두운 보라색을 전면에 깔았다.

이 모든 것이 '행복'이라는 키워드와 어울리게 조율되었음은 물론이다. 책은 모든 요소가 조화를 이룬 결과물이다. 사람들이 단순한 원고 뭉치나 사진 뭉치를 '책'이라고 부르지 않는 이유는, 책이 자체의 원리에 따라 제작된 체계적인 조형물이기 때문이다.『경매장 가는 길』은 내용이 행복한 독후감을 낳고, 도판이 그 독후감에 날개를 달아주는 책이다.

제목, 잡지에서 만나다 ········· '경매장 가는 길'은 어떻게 작명했을까? 이 제목은 한 남성잡지에서 우연히 발견했다. 제목은 '짓는 것'이기도 하지만 '발견하는 것'이기도 하다.『GQ Korea 한국판』의 경매장 관련 기사 제목이 기막히게도 '경매장 가는 길'이었다. 그 제목을 보는 순간, 바로 책 제목으로 결정했다. 운명적인 만남이 아닐 수 없었다. 이 제목은 원래 소설가 하일지의 장편소설『경마장 가는 길』을 잡지답게 패러디한 것이었다. 지금 그 소설을 아는 독자는 드물다. 사실 기존의 제목을 패러디하는 것은 제목의 유명세 덕을 보기 위함인데, 이 제목은 원제목의 유명세가 흐릿해서 부가가치는 적었다.

나는 각종 잡지를 빠짐없이 들여다본다. 대부분 미술 관련 기사들 때문이지만 기획에 자극받기 위해 보기도 한다. 잡지 기사는 철저하게 독자 지향적으로 기획 편집된 물건이다(물론 광고주를 염두에 두고 작성되는 기사도 있다). 내용이든 제목이든 독자가 좋아할 만한 요소로 작성된다. 특히 기사제목은 독자에게 어필하는 힘이 강하다. 잡지의 기사제목과 내용을 보면 독자지향적인 단행본을 기획할 수도 있고, 제목 뽑는 법을 배울 수도 있다. 감각적인 제목, 책한 권을 품고 있는 제목이 얼마나 많은가. 여성지, 패션지는 '기획의 보고'다. 매일 접하는 일간지에도 기획의 젖과 꿀이 넘친다.

한편 부제는 "그림감정사 박정민의 뉴욕 경매일기"로 정했다. 그런데 부제의 표정이 왠지 시무룩했다. 나는 형용사로 특단의 조치를 취했다. 비로소 화색이 돌았다. "그림감정사 박정민의 행복한 뉴욕 경매일기." 저자의 경매일기는 '행복한' 일기여야 한다.

책에 필요한 이미지 메이킹 작업은 관계자 모두의 몫이다. 『경매장 가는 길』은 뒤표지 카피와 보도자료, 앞날개 문안, 표지와 본문의 저자 사진, 책 제목 등으로 적극적인 이미지 메이킹을 시도했다. 저자의 행복한 땀방울은 이미지 메이킹 덕분에 더 영롱하게 빛날 수 있었다. 예감이 좋았다. 모든 일이 순조롭게 풀렸다. 원고에서 제목까지 실타래가 풀어지듯 일사천리로 진행되었다. 가슴에 둥근 해가 떴다. 독자에겐 그림을 바탕으로 행복하게 사는 법을, 내겐 더 행복하게 책을 만드는 법을 톡톡히 일깨워주었다.

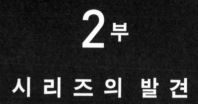

2부

시 리 즈 의 발 견

새로운 미술에세이의 탄생

이메일 주고받기도 원고 생산의 한 방식일 수 있을까? 내 답은 '예스'다. 저자와 1년여 동안 주고받은 이메일을 토대로 만든 책이 있다. 적확하게 말하면 그 책의 원고는 저자가 1년여 동안 보낸 이메일이었다. 저자가 송신자라면 나는 간간이 독후감이나 전하는 게으른 수신자였다. 이렇게 만든 책이 2003년 12월에 출간된 『그림이 내게 말을 걸어왔다』이다. 저자가 자기 이야기를 하면서 한중일 삼국의 그림(동양화)을 소개한 책이다. 오뎅장수 아줌마를 보고 청고 윤용이의 〈나물 캐는 여인〉을 떠올리며 일하는 여성의 아름다움을 재발견한다거나, 어린 시절 작은오빠가 달밤에 부른 〈선구자〉로 남리 김두량의 〈월야산수도〉를 감상하는 식이다.

그림, 마음대로 보고 말하게 할 수는 없을까 ········ 저자의 체험과 그림이야기로 구성된 각 글은 굳이 그림이야기가 끼어들지 않아도 될 만큼 에세이로서 순도가 높다. 일상사가 때로는 심각하게 때로는 경쾌하게 펼쳐진다. 온라인서점의 독자 리뷰에는 "그런데 그 일상적인 이미지가 그림과 너무나 잘 어울립니다. 어느 시대에 누가 그렸고, 어디에 힘이 들어가 생생하고 ··· 이런 이야기는 결코 하지 않습니다. 그저 일상의 이야기를 일기 쓰듯 하고 있는데 그 이야기를 읽다보면 그림이 담고 있는 진정한 의미가 가슴에 와 닿습니다"라는 내용의 글이 올라왔다.
　　그렇다면 왜 굳이 없어도 될 그림이야기를 집어넣을까? 이런 의문은 곧 이 책의 기획의도를 묻는 것이기도 하다. 누구나 살아가면서 접하는 그림의 수가 적지 않다. 달력 그림이든 미술교과서 그림이든, 미술사적 지식을 구비하고 봤든 우연히 그림을 봤든 우리는 무수한 그림을 접하며 살아간다. 그런데도 사람들은 그림에 관해 이야기하길 꺼린다. 영화나 텔레비전 연속극을 보고 수다를 떨듯 그림에 대한 자기만의 느낌을 솔직하게 이야기하지 못한다. 마치 그림에는 정답이 있어서 그 정답을 맞혀야 하는 것처럼 조심스러워한다. 그래서 자기 느낌은 덮어둔 채 그림과 관련된 객관적 정보만 주고받는다. 이런 현실을 개선할 방도는 없는 걸까? 자기 마음대로 그림 보고 수다를 떨 수는 없을까? 그래서 생각한 것이 누구나 거침없이 그림을 이야기하게 자극하는 '마중물' 같은 책이었다. 원고 스타일은 일반인들이 편하게 접하는 '에세이'에 그림이야기를 집어넣는 식으로 잡았다.

사람들은 누구나 그림에 관해 이야기할 수 있다. 살면서 만난 '내 인생의 그림' 또는 '내 마음의 그림' 몇 점쯤은 있게 마련이다. 남의 눈치 볼 필요 없이 '내 마음의 그림'을 떠벌리며 낯선 그림들과 사귀면 된다. 그것이 어렵다면 먼저 자기체험에 근거해서 그림과 말을 트는 게 중요하다. 그림 감상은 누군가가 대신 해주는 게 아니다. 자기가 하는 것이다. 작가의 메시지나 구체적인 관련 지식은 관심이 생기면 나중에 더하면 된다.

마침 저자가 이메일로 보내준 에세이가 있었다. 내가 애독자이기도 해서 필력은 익히 알고 있었다. 기획 취지를 전하고 작업을 해보자고 했다. 저자도 찬성이었다. 처음 의도와 달리 저자가 일반인이 아닌 점이 마음에 걸리기는 했지만 샘플이 될 만한 책을 만들기에는 오히려 적임자라는 생각이 들었다. 저자는 한국미술을 전공한 미술사가로서, 몇 권의 대중적인 한국화 관련 저서를 냈다. 게다가 미술이론 전공자로서는 보기 드문, 빼어난 글 솜씨는 에세이스트로서도 손색이 없었다.

13개월여에 받은 이메일 원고 37편 ········ 원고는 한두 편씩 이메일로 받기로 했다. 마감기간은 정하지 않았다. 한 권 분량이 될 때까지 기다리겠다고 했다. 한 달에 한 편이 올 때도 있었고, 매주 한 편씩 올 때도 있었다.

첫 원고 「화려한 모란을 보는 슬픔」을 2002년 9월 6일에 받고, 2003년 10월 4일에 마지막 원고 「아침밥」을 받았다. 13개월여에 걸쳐 37편의 원고가 이메일로 입고된 셈이다. 책은 원고가 도착한 순서대로 정리하여, 그해 12월 20일에 출간했다. 원고는 받을 때마다 가슴을 먹먹하게 만들었다. 신산한 가족사와 솔직한 모습이 사뭇 충격적이기까지 했다. 다른 독자들도 같은 심정이었던 모양이다. 저자가 한 불교 인터넷 카페에 원고를 올렸는데, 격려의 댓글이 이어졌다.

댓글을 챙겨보다가 책을 만들 때 각 원고 끝에 댓글을 첨가해야겠다는 생각을 했다. 진심 어린 댓글이 주는 감동 때문이자 1+1 효과 때문이었다. 본문에 읽을거리(댓글)가 추가됨으로써 독자의 구매력에 긍정적인 영향을 미칠 수 있고, 본문 편집에도 아기자기한 맛을 줄 수 있었다. 또한 댓글이 추가되면 원고는 에세이+그림이야기+댓글 식으로 일석삼조의 구성이 된다. 독자는 한 편의 원고로 세 가지 정보를 맛볼 수 있는 것이다.

나는 카페에 들락거리며 댓글을 '펌질'해서 원고 말미에 붙여둔 다음, 댓글 선별작업을 했다. 책의 판형과 분량 때문에 모두 수록하기는 힘들었다. 그런데 문제가 있었다. 막상 원고정리 작업을 하다 보니 댓글의 분량이 들쑥날쑥이었다. 고민에 빠졌다. 저자와 상의했더니 댓글 없이 원고만으로 가자고 했다. 나는 댓글이 주는 '덤'의 기능에 미련이 남았지만 저자의 뜻을 따르기로 했다.

저자의 원고에 달린 댓글은 책에 관한 내 생각에도 힘을 실어 줬다. 미술책이라 해서 내용과 편집이 근엄하거나 심각할 필요는 없다. 〈딴지일보〉식의 거침없는 스타일도 좋고, '이모티콘'이 잔뜩 붙은 미술 원고도 좋다. 그리고 댓글이 줄줄이 사탕으로 달린 본문구성도 좋다. 나는 종종 이런 생각을 피력하곤 했다. 그래서 댓글이 달린 저자의 원고를 염두에 두었던 것이다.

또 저자의 원고는 매번 나를 자성의 길로 안내했다. 좋은 글이 그렇듯이 저자의 원고는 독자인 나를 돌아보게 만들었다. 나는 이 메일로 원고를 받아 읽은 뒤, 저자에게 소감을 써서 보냈다. 2002년 12월 2일에 전송한 답메일의 일부는 이랬다. "앞으로 쓸 글 내용도 선생님께서 생각하시는 대로 하면 될 것 같습니다. 다만 계속 필자의 체취가 묻어나게만 하시면 됩니다. 그러니까 필자가 글 표면에 드러나지 않더라도 필자의 체취가 느껴지게, '필자는' 하는 식의 중성적인 표현보다는 '나는' 운운 하는 식으로 말입니다. 독자가 글을 읽는 재미 중 하나는 필자가 들려주는 정보를 알아가는 과정에도 있겠지만, 그것 못지않게 필자의 생활 혹은 마음의 풍경을 엿보는(관음) 데도 있습니다. 이런 점을, 글쓰기에서 적극 밀고 나가자는 것입니다."

저자의 체취가 느껴지는 글쓰기를 주문하는 내용이다. 저자는 자기 체험을 바탕으로 그림이야기를 풀어갔다. 가슴 아린 체험과의 교접으로 빚어진, 그림의 드넓은 의미망은 저자의 삶을 되비추며 동시에 그림의 마음을 열어주고, 다시 독자의 삶을 반추하게 만들었다. 때로는 당황스러웠다. 늘 밝은 모습만 봐왔던 저자였는

『그림이 내게 말을 걸어왔다』는 저자가 먼저 상처를 드러냄으로써 독자들 스스로 자기만의 그림을 찾고 이야기하게 한다.

데, 그렇지 않은 면들을 접하고는 숙연해지기까지 했다. 저자의 진솔함에, 어떤 날은 그 원고 생각으로 하루를 보내기도 했다.

"한 남자를 선택하면서 받아야 했던 주위의 냉대와 멸시. 이미 결혼하기 오래 전에 정관수술을 한 남자와 살면서 한 번도 생명을 품어보지 못했던 여인. 그 여인은 지금, 남편이라는 이름으로 무책임하게 벌여놓은 사업 뒤치다꺼리를 하느라 10억이 넘는 빚을 떠안고 있었다. 모두 일가친척들한테 빌린 돈이었다. 그 남자는 이혼 도장을 찍고선 떠나고 없었다. 자기 때문에 집안이 망하게 되었다는 자괴감 때문이었을까. 아님 오래 전부터 이렇게 될 자신의 운명을 예감해서였을까. 언니는 사흘 동안 계속되던 내림굿을 받고 그렇게 '제석불'이 되었다."「제석이 된 여인」

이뿐만이 아니다. 집안의 기대를 한 몸에 받으며 이상과 현실 사이에서 번민하다 암으로 세상을 떠난 오빠 이야기「달밤에 부른 선구자」, 먼저 떠난 엄마를 그리워하는 늙은 아버지의 애절한 노랫소리「사랑만은 않겠어요」, 신용카드로 친구 보증을 섰다가 집도 날리고 빚까지 지게 된 사연「수업료」 등 보통 사람이라면 감추고 싶었을 가족 이야기와 상처를 낱낱이 드러낸다. 그런데 이런 가족사는 비뇨기과 이야기에

93

비해서는 약과였다.

"아버지를 모시고 비뇨기과에 갔다. 분당에서 약수동까지 꽤 먼 거리였지만 내가 잘 아는 원장님이라고 했더니 아버지는 두말 없이 따라오셨다. 아버지의 잠옷 바지는 앞부분이 항상 누렇게 젖어 있었다. 처음엔 노인네가 칠칠맞게 오줌까지 흘리고 다니시나, 생각했다. 그런데 언젠가부터 주의 깊게 살펴보니 그게 아니었다. 화장실에 들어가신 뒤에도 한참이 지나서야 오줌 떨어지는 소리가 들린다는 것을 알게 되었다. 나 또한 가끔씩 심하게 재채기를 할 때면 오줌이 벌컥 쏟아질 때가 있었다. 그것은 내 의지와는 전혀 상관없었다. 겨우 나이 마흔을 넘겼을 뿐인데 벌써부터 몸이 의지대로 따라주지 않는다는 것을 확인하는 순간이었다. 몸이 피곤하거나 기운이 없을 때면 그 정도가 더 심했다. 재채기를 할 때마다 나는 말할 수 없이 비참했다. 나 혼자만이 아는 은밀한 사건이었음에도 불구하고 나는 왠지 창피하고 부끄러웠다. 퇴화되어가는 자신을 확인하는 것은 고통스럽다." 「비뇨기과에서」

저자는 여자로서 드러내기 힘든 부분까지 노출했다. 때로는 너무 솔직해서 그의 치부를 본 것처럼 난감했다. 그리고 망설여졌다. 기획자로서는 독자의 흥미를 불러일으킬 만한 내용이기에 수록을 마다할 리 없다. 하지만 오래 알고 지낸 처지에서, 저자가 원한다면 이 이야기는 수록하지 않아도 되겠다고 생각했다. 내용의 노출 수위가 너무 높아 때로는 충격적이기까지 했다. 이미 계약은 했지만 원고의 출간 여부는 저자의 판단에 맡기기로 했다. 다행히 원고를 출판하겠다고 했다.

나는 원고 배열에도 각별히 신경을 썼다. 본문구성은 꽃에서 시작해서 꽃으로 끝나게 했다. 원고를 보내온 순서가 그렇기도 했지만, 위치를 바꾸지 않은 데는 그럴 만한 이유가 있었다. 처음에 등장하는 꽃 이야기「화려한 모란을 보는 슬픔」는 치매인 어머니로 인한 삶의 아픔이 배어 있지만 마지막의 꽃 이야기「아침밥」는 희망에 차 있다. 비록 마흔두 해 동안이지만 저자가 겪은 크고 작은 상처와 고통들은 그를 꺾지 못했다. 저자는 연꽃이 장관을 이룬 〈연화수금도〉를 보며 "아무리 힘들어도 힘들다고 포기하지 않는 연뿌리의 강인함"을 읽어내고 다시 아침 식탁을 차린다. 이런 저자의 모습을 통해 독자에게 희망을 전해주고 싶었다.

독자가 그림에 말을 거는 그날까지 ········· 『그림이 내게 말을 걸어왔다』는 저자가 먼저 상처를 드러냄으로써 독자들 스스로 자기만의 그림을 찾고 이야기하게 한다. "알고 보면 그림이 그다지 어렵지 않다는 것을 … 내가 말하지 않고 그의 곁에만 있어도 무한한 위로를 얻을 수 있다는 것을 … 그림을 읽는 데는 아니 그림을 아는 데는 지식보다 마음이 더 중요하다는 것을…" 알려준다.

그림이야기는 '개'나 '소'나 다 할 수 있고, 또 해야 한다. 설령 그림과 동떨어진 극히 개인적인 이야기일지라도. 누구나 인연이 닿은 그림들이 있을 것이다. 미술의 대중화 문제나 그림과의 소통 문제도 어렵게 생각할 필요 없이 사람들의 마음속에 깃든 내밀한 체험을 일깨우는 데서 시작하면 된다. 백 명이 있다면 백 가지, 천 명이라면 천 가지 그림이야기가 나올 수 있다. 저자의 이야기는 지금도 계속된다. 소설가 최인호가 오랫동안 월간 〈샘터〉에 가족이야기를 연재했듯이. 저자의 생활과 그림이야기를 시리즈로 계속 출간하기로 했다. 저자의 체험＋그림이야기를 기본 포맷으로 하되, 매번 이전의 책과 차별화한 컨셉트로 에세이와 그림을 즐길 수 있게 방향을 잡았다. 시리즈명은 '조정육 동양미술에세이'.

거침없는 그리움을 꿰다

2005년 10월 5일은 『거침없는 그리움』의 '귀빠진 날'이다. '조정육 동양미술 에
세이'라는 시리즈 명으로 첫째를 낳은 지 2년여 만에 둘째가 태어난 것이다. 그
출생과정은 첫째 못지않게 극적이다.

독자의 기대를 배반하는 감동 ········· "선생님, 여전히 글이 '쎄시더군요.' 일반적으
로 글은 독자에게 일정한 기대감을 갖게 하고, 또 대부분 그 기대감을 크게 배반
하지 않습니다. 그러니까 글줄깨나 읽은 독자라면 글의 앞부분을 통해서 뒷부분
의 내용을 어느 정도 예측할 수 있는 거죠. 그런데 선생님의 글은 이런 독자의 평
균적인 예측을 여지없이 무너뜨립니다. 그것은 적나라한 자기표현 때문이 아닌
가 합니다. 흔히 글을 쓸 때, 대부분의 필자들이 글의 수위를 어느 정도 조절하
여, 보여줄 만큼만 보여줍니다. 전체를 보여주는 듯하면서도, 자신을 안전하게
도피시킨 후 보여줄 만큼만 보여주는 거죠. 그러나 선생님의 글은 그렇지 않습니
다. 자신을 글 속에 던져버립니다. 그것은 글쟁이들이 독자의 반응을 재가면서
표현의 수위를 조절하는 것과는 차원이 다르다고 봅니다. 독자의 반응보다 자기
삶의 진실에 충실하다 보니, 예기치 못한 적나라함에 독자는 충격과 당혹감을 맛
보게 됩니다. 이번 글도 그랬습니다. 읽은 뒤, 한동안 멍하니 창밖만 보았습니다.
흐린 날씨에 짓눌린 듯 자동차들이 얌전히 엎드려 있습니다. 선생님 글에 짓눌린
제 모습 같습니다."

2004년 7월 6일 오전에 저자에게 전송한 이메일이다. 저자가 보내온 「태풍전야」에 대한 독후감이었다. 「태풍전야」는 바닷가에서 만난 태풍전야에 벼랑 끝까지 내몰린 삶을 돌아보는 내용이었다. 그런데 이야기가 심상치 않았다. 언니에게 빌려준 돈이 족쇄가 되어 남편 몰래 카드로 빚 돌려막기, 결국 이 빚을 갚기 위해 집을 매매했다는 등의 이야기는 가정이 파탄 날 지경으로 치닫는다. 저자는 때때로 잔인할 만큼 투명하게 자신을 드러낸다. 팽이가 스스로 몸을 쳐서 쓰러지지 않고 돌아가듯이 이 시리즈는 저자의 가혹한 자기 직시로 견인된다. 마침 출간 작업 중이던 책의 한 대목을 떠올리게 했다. "박항섭의 그림은 기교가 아니라 진실이었다. 그의 인생은 요령이 아니라 정성이었다. 박항섭의 예술은 겉꾸미기가 아니요, 바로 고백告白 그것이었다. '진정한 예술은 가장 크고 솔직한 고백'이라고 하지 않았던가. 그는 남을 의식하고 그림을 그리는 것이 아니라 자기만의 표현, 자기만의 조형세계, 자기만의 진실을 위해 그림 속에 빠져들었다. 그래서 그의 그림에는 거짓이 들어설 틈바구니가 전혀 없었다." 『예술혼을 사르다 간 사람들』

　　저자의 글이 이와 다를 바 없었다. 평생 그림만 그리며 살다간 박항섭 화백이 "남을 의식하고 그림을 그리는 것이 아니라 자기만의 표현, 자기만의 조형세계, 자기만의 진실을 위해 그림"을 그렸듯이, 저자의 글도 그랬다. 독자를 의식하지 않은 "가장 크고 솔직한 고백"이었다. 오후에 답장을 받았다.

　　"글이 조금 '쎄다'고 하셨든가요? 오래전, 글이 나한테 뭘까를 생각해본 적이 있었어요. 글이 나한테 뭘까, 무슨 의미일까… 그리

고 어떻게 써야 하나 … 그 생각에 사로잡혀 아무것
도 못 하던 시간이 있었지요. 그리고 그 긴 시간 동
안 고민하고 내린 결론대로 지금 난 살고 있어요.
글은 나를 비추어보는 거울이고, 나를 점검해보는
수행이었어요. 또한 그렇게 살고 싶은 기도이고 바
람이기도 하구요. 나는 글이라는 거울을 보며 나를
점검하고 내가 바라는 삶의 방향을 향해 나아가고
있어요. 때론 가다 넘어져 그 걸음이 더딜 때도 있
지만, 글이라는 길을 통해 내 인생을 전개해나갈
거예요. 글이 조금 '쎄다'구요? 그래요. 어쩌면 그
럴지도 몰라요. 이렇게까지 자신을 드러내면서 충
격요법을 구사해야만 글이 되는가에 대해 회의가
들지 않은 것도 아니었어요. 그러나 칠 것 다 쳐놓
고, 안전장치 다 마련해놓고, 여차하면 빠져나갈
구멍 다 뚫어놓고 눈치 봐가면서 글을 쓰는 것은 꼭
그만큼 얍삽하게 살라는 소리 같아서 접기로 했어
요. 나는 나대로 글쓰기를 계속할 거예요. (중략)
어쩌면 이건 내가, 아직은 이렇게 고집을 부릴 정
도로 젊기 때문인지도 몰라요. 그러나 자신을 투명
하게 객관화하지 못할 삶이라면, 그 삶이 무슨 의
미가 있겠어요. 아무리 외면하고 싶은 모습이라도,
잔인하리만치 똑바로 쳐다보며 살아야 된다고 생
각해요. 글도 그렇게 써야 되고요."

**평생 그림만 그리며 살다간 박항섭 화백이 "남을
의식하고 그림을 그리는 것이 아니라 자기만의
표현, 자기만의 조형세계, 자기만의 진실을 위해
그림"을 그렸듯이, 저자의 글도 그랬다. 독자를
의식하지 않은 "가장 크고 솔직한 고백"이었다.**

저자의 글은 여전히 자기 삶에 뿌리를 박은 채 꾸밈없는 동체를 드러냈다. 위의 답장은 그가 '조정육 동양미술 에세이' 시리즈를 쓸 때의 마음가짐을 솔직하게 보여준다.

순결한 에세이에 그림을 꿰다 ……… "선생님은, 생활이 곧 글감입니다. 흔히들 '내가 살아온 이야길 쓰면 책 서너 권은 될 것이다'라고 합니다. 이는 그만큼 삶이 신산했다는 뜻일 것입니다. 그런데 막상 그런 사람들의 이야길 받아쓰려고 하면 말하는 사람이나 적는 사람이나 요령부득이어서 삶의 미세한 결들이, 온전히 포착되지 않은 경우가 많잖습니까. 그저 그분의 말씀에, 말씀 중의 한숨에, 그 침묵에, 내 가슴을 맡겨두는 수밖에 달리 무엇도 할 수 없는 경우가 있지요. 이런 면에 비춰보면, 선생님은 기민한 감각과 깊은 생각, 그리고 요령 있는 솜씨로 일상의 곳곳에서 반짝이는 삶의 가치를 참으로 찡하게 포착해내고 있습니다." 9월 15일에 내가 보낸 이메일 내용이다.

1권 출간 이후 저자가 보내온 글들은, 이를테면 생활 속의 에세이였다. 대부분 길 위에서 점지된 글이었다. 틈만 나면 답사에 나서는 지은이가 "바람처럼 돌아다녔던 시간의 흔적"이 글마다 진하게 배어 있었다. "금강 하구의 갈대, 장맛비에 젖은 단양 팔경, 채석강의 바위, 마이산의 돌탑, 정령치의 산자락, 통영 바다와 한려수도, 관촉사, 대조사, 금산사, 송광사, 대흥사, 미황사, 은해사, 범어사, 갓바위…." 「닫는 글」에서 만난 바람과 햇살의 체취가 쓸쓸하게 묻어났다. 그것은 "가슴속을 휘젓고 다니는 말"의 분비물이어서, 독자의 가슴을 얼얼하게 만들었다. 나는 종종 바람결에 머리카락을 흩날리며 떠도는 저자의 뒷모습을 상상했다.

2권은 1권과 구성이 다르다. 1권은 에세이 속에 그림이야기가 들어 있었다면, 2권은 그림이야기가 쏙 빠진 '순결한' 에세이로만 되어 있다. 이 순결한 에세이에 나는 번번이 감동을 받으면서 한편으로는 고민에 빠졌다. 그림이야기가 거세된 원고를 효과적으로 편집하는 문제 때문이다.

우선 마음에 걸린 것은 아트북스의 출판 방향이다. 미술전문출판사를 표방했는데, 미술과 무관한 내용의 원고를 출간하는 것이 독자에게 어떤 이미지로 비칠지 걱정이 앞섰다. 지금 우리 미술출판의 대명사로 통하는 열화당의 초기 책들을 보면 생뚱맞게도 문학평론집이 끼어 있다. 나는 그것이 마치 지인의 외도장면을 훔쳐본 듯 불편했다. 그래서 출판사의 정체성에 혼란을 주는 책을 내서는 안 되겠다는 생각을 하게 되었다. 하지만 나는 평소에 다소 파격적인 말을 하곤 했다. 어떤 원고든지 미술과 관련된 내용이 '눈곱' 만큼이라도 들어 있으면 출간할 수 있다고 말이다. 미술 전문출판이라는 범주를 미술로 똘똘 뭉친 책으로만 고집하지 않겠다는 뜻이다. 장르를 넘나들거나 서로 다른 형식과 교접하며 새로운 세계를 여는 '혼혈'도 괜찮았다. 때문에 저자의 원고는 '에세이'로 출간해도 무방하겠다는 생각이 들었다. 더욱이 저자가 다른 사람도 아닌 현역 미술사이자 미술평론가이기에 미술 관련 출판물에 포함할 수 있었다.

내 고민은 정작 다른 데 있었다. 이 원고가 '시리즈'의 구성물이라는 점이다. 1권이 그림과 관련된 에세이라면 2권 역시 최소한 기본 틀은 유지해야 했다. 편집방식은 변화를 주더라도 에세이와 그림이라는 틀은 유지해야 했다. 장기적인 안목에서 본다면, 에세이로만 출간해서는 시리즈의 정체성이 모호해질 테고 저자에게도 득보다는 실이 클 듯했다. 저자의 이름으로 된 시리즈의 이미지는 곧 저자의 이미지이자 출판사의 이미지이기도 하다. 그러므로 저자의 원고 관리는 필수다.

그때 마침 저자가 한 미술잡지에 연재 중인 원고가 떠올랐다. 「조정육의 이런 그림도 있어요」라는 원고지 5매 안쪽의 분량으로 그림 1점을 소개하는 글이었다. 이 원고와 순결한 에세이들을 결합하자 고민은 말끔히 해소되었다. 김홍도, 신윤복, 김정희, 정선, 장승업, 이경윤, 정약용, 강세황, 강희안, 심사정, 남계우, 최북, 안중식을 비롯한 우리 화가들의 작품과 이가염, 왕운, 장조화, 안도 히로시게, 보쿠사이 등 한중일 화가들의 그림이야기로, 분량은 적었지만 내용이 알찼다.

저자한테 이런 구상을 전했다. 원고를 대대적으로 수정보완하지 않는 한 짧은 그림감상 원고는 이런 식으로 활용하지 않으면 단행본으로 묶을 수 없었다. 긍정적으로 활용하는 차원에서 에세이와 그림감상 원고를 하나로 꿰기로 했다. 한 권의 책으로 두 개의 텍스트를 보여주는 식이다. 포맷에 대한 고민도 생겼다. 이 시리즈는 동일한 본문 구성과 편집디자인을 고수하면 자칫 식상할 수 있다. 그래서 매번 포맷을 다르게 하기로 했다. 저자의 진솔한 생활이야기를 기본으로 하되, 본문을 다르게 편집하는 것이다. 또 책의 판형과 시리즈명은 일정하게 유지하되, 각각 다른 책으로 보이게 했다. 시리즈물의 특징인 동일한 외모가 주는 거부감을 씻기 위한 전략이었다. 1권이 각각의 글마다 에세이＋그림이야기 식의 구성이었다면, 2권은 그림이야기 없는 에세이와 독립된 그림감상이 되도록 편집했다.

'한 지붕 두 가족'이 행복하게 사는 법 ……… 『거침없는 그리움』은 30편의 에세이와 24편의 그림감상 원고로 구성되었다. 그림은 두 가지 형식으로 배치했다. 하나는 그림감상 원고 속의 그림이고, 다른 하나는 에세이에 삽입한 그림이다. 전자는 일종의 팁처럼 처리했고, 후자는 내용과 직접적 연관은 없지만 내용을 부축해줄 만한 그림을 삽입했다. 일종의 삽화 같은 구실을 하는 그림이었다. 본문디자인에도 차별을 두었다. 전자는 바탕색을 조금 짙게 깔아서 시각적으로 확실한 구분을 주었고, 본문 속의 그림인 후자는 연하게 바탕색을 주고 박스를 둘렀다. 그리고 간단한 주관적 설명을 덧붙였다. 그림 내용을 직접 언급하거나 그렇지 않거나 하는 식으로 해서 보고 읽는 즐거움을 주었다.

짧은 그림 감상문을 삽입한 또 다른 이유는 '독자 유혹'이었다. 독자를 유혹하기 위해 부가적인 원고를 삽입한 것이다. 에세이만 읽고 싶은 독자는 에세이만 읽다가 심심하면 그림감상으로 피로감을 덜어주도록 하는 형식이었다(에세이→그림감상). 쉬엄쉬엄 그림감상을 읽으면서 그림과 사귀었으면 하는 바람이 있었다. 그렇게 수인사로 안면을 트는 정도의 역할만 해도 좋다고 생각했다. 아니면 그림감상만 읽다가 지루하면 에세이를 읽을 수도 있었다(그림감상→에세이). 서로 보완하는 차원에서, 어느 쪽으로 읽든지 간에 그림과 만나는 계기를 마련해보자는 의도였다.

'게보린' 같은 제목을 만나다 ……… 책 제목은 불쑥 나타났다. 1권처럼 감성적인 제목이 쉽게 떠오르지 않았다. 제목을 찾아 사방으로 헤맸다. 머릿속이 지끈거렸다. 그런데 '게보린' 같은 제목은 「닫는 글」에 묻혀 있었다. 저자는 이렇게 적었다. "종묘 공원에서 시골장터로, 창덕궁에서 거제도 포로수용소까지 마음을 끄는 곳이 있으면 무조건 갔다. 거침없이 달려가서 넋을 놓고 마음을 주었다. 뭐에 들씌워진 듯 찾아다니면서 추억을 만들었다. (중략) 그렇게 먼 곳을 헤매면서 내가 찾고자 했던 것은 무엇이었을까?"

여기서 "거침없는 그리움"이라는 문장이 덥석 생각의 찌를 물었다. 월척이었다. 이어서 뒤표지 카피도 '거침없이' 찌를 물었다. 헤드카피는 "그렇게 먼 곳을 헤매면서 내가 찾고자 했던 것은 무엇이었을까?"라는 구절을 리모델링하여 '내가 그토록 그리워하며, 찾고자 한 것은 무엇이었을까?'로 뽑았다. 서브카피는 '언제나 곁에서 바람막이가 되어준, 그 사람 눈빛 같은 그림들'로 잡았다. 저자가 이 책을 남편에게 바친다고 한 구절에서 착안한 것이다.

세상을 향한 저자의 도저한 그리움은 지금도 계속되고 있다. 저자에게 이 시리즈는 자신의 한때가 스크랩된 소중한 '추억록'이겠지만 내게는 나의 한때가 담긴 아름다운 추억록이기도 하다. 저자의 추억은 내 추억의 뜨거운 속살이다.

서문으로 책에 날개를 달자

스크랩해둔 일간지 기사를 읽다가 문득 책을 떠올렸다. 외부필자의 칼럼이었는데 내용이 대강 이랬다. 서울 세종로 거리에는 세종문화회관을 비롯하여 정동극장, 난타극장, 금호아트홀, 서울시립역사박물관, 교보문고, KT아트홀 등의 전용관이 자리 잡고 있다. 필자는 이 거리를 국내외 관광객들이 맛있게 즐길 수 있도록 '세종벨트'라는 이름으로 묶어서 관광자원화하자는 제안을 한다. "예술은 예술적 재료를 소비자가 즐길 수 있게 안내하는 행위"(이청승, 세종문화회관 사장)이기에, '이미지 메이킹'으로 세종로를 브로드웨이처럼 키우자는 주장이다. 「세종로를 브로드웨이로」〈중앙선데이〉 2009.5.3

사실 이렇게 이름을 붙임으로써 그동안 제각각이던 공간이 하나의 스토리라인으로 재구성된다. 일종의 흩어진 구슬을 꿰어서 보배 만들기 프로젝트가 되겠다. 이런 시도는 책에서도 이뤄진다. 한 저자가 쓴 다양한 내용의 에세이가 있을 경우, 이들을 어떻게 꿰어야 같은 맥락 속에서 끈끈한 관계가 형성될 수 있을까 고민하지 않을 수 없다. '조정육 동양미술에세이' 시리즈의 세 번째 편인 『깊은 위로』는 서문으로 내용을 미끈하게 꿰었다.

저자와의 대화에서 서문을 찾다 ········· 2000년대를 살아가는 한 여성의 평범한 일상(딸, 아내, 엄마)과 조금 특별한 일상(미술사가)을 담아낸 이 시리즈는 책을 낼 때마다 형식에 조금씩 변화를 주어왔다. 제1권인 『그림이 내게 말을 걸어왔다』

가 에세이 속에 그림이야기를 녹인 형식이었다면, 2권인 『거침없는 그리움』은 '에세이 따로, 그림 따로'였다. 1,2권에 사용한 도판은 '그림'이었는데, 3권인 『깊은 위로』는 전국 각지를 답사하면서 찍은 실제 풍경 사진을 더해 본문에 활력을 주었다. "아주 하찮아 보이고 평범한 일상을 통해서 삶을 돌아보고 성찰해보고자 하는" 기획 의도는 그대로 유지했다.

『깊은 위로』의 원고는 내용이 다양하다. 생활에세이인가 하면 기행에세이이고, 문화재 답사, 불교, 그림 등 하나의 카테고리로 묶기가 쉽지 않다. 저자의 생활체험에 바탕한 것이므로 내용의 다양성은 당연하다. 내용은 크게 두 가지로 나눌 수 있다. 첫째, 자잘한 일상사를 통해본 깨달음의 세계다. 생활 속에서 입은 크고 작은 상처를 치유해가는, 엄마이자 아내이자 딸로서 저자의 모습을 만날 수 있다. 둘째는 답사 여행이다. 미술사가로서 저자의 모습이 살아 있다. 추사의 제주도 유배지, 월출산 마애불과 월남사지 3층 석탑, 운주사, 길상사, 제비원, 운주사 등으로 발길이 이어진다. 1권부터 계속되는 답사는 우리 문화의 진수를 현장에서 느끼려는 열정의 표현이자 삶의 진경에 눈뜨는 과정이다.

문제는 제목이었다. 제목만 뽑으면 서문이며 표지디자인 등이 막힘없이 진행될 수 있다. 그런데 제목에서 발목이 잡혔다. 책을 낼 때마다 하는 고민이지만 이번만큼은 달랐다. 전체를 아우를 만한 제목이 쉽게 떠오르지 않았다. 제목을 정해야만 '저자 서문'인 「여는 글」을 제목과 연관성 있게 작성할 수 있다. 나는 서문으로 책의 이미지가 거듭난다고 생각하는 편이다. 또 본문의 이미지도 서문의 내용에 따라 새로운 의미를 부여받는다고 생각한다. 따라서 기왕이면 본문 앞쪽에 의례히 붙이는 수동적인 서문이 아니라 제목과 책을 껴안을 수 있는 생산적인 서문을 기대하는 편이다.

2008년 7월 3일, 광화문에서 저자를 만났다. 제목 이야기도 나왔지만 뾰족한 안이 없었다. 나는 틈틈이 놓치기 아까운 이야기들을 메모했다. 저자는 제목을 '깊은 아름다움'으로 정해두고 있었다. 하지만 독자를 사로잡는 힘이 약했다. 다른 제목이 필요했다. 길은 대화 속에 있었다. "나를 만나는 사람들은 나의 얼굴빛이 맑아졌다고 한다. 그랬을 것이다. 나의 가슴속에서 자라나던 독기가 빠져나갔으니 맑아지는 게 당연하다. 글은 나를 치유해준 의사이면서, 나를 누군가의 아픔을 치유해줄 수 있는 의사로 만들어준 셈이다. 이 놀라운 글의 힘이라니."

*이하 인용은 「여는 글」

'조정육 동양미술 에세이' 시리즈를 진행하면서 글쓰기를 통해 치유된 자신을 발견한 것이다. 글을 쓰는 가운데 오랫동안 가슴을 짓누르던 지난날의 고통이 저절로 사라졌다고 했다. 그날 저자는 이런 이야기를 들려주었다. "이 글을 쓰면서 스스로 치유가 되었다. 살면서 마음에 쌓아둔 것들이 병이 되곤 하는데, 그것을 누군가에게 얘기만 해도 치유가 된다고 하듯이 나는 그런 마음의 병을 사람이 아닌, 이 시리즈를 통해서 치유를 한 셈이다(3권 원고를 다 쓰고 나서 그런 생각이 들었다!). 이 책이 타인에게도 치유의 계기가 되었으면 하는 마음이다. 정신과 의사에게 털어놓듯이 털어놓은 것. 살아가는 모든 순간이 꽃봉오리가 아닌 순간이 없다. 그래서 아픔조차도 의미가 된다. 한 독자는 '저자가 겪은 아픔조차 부럽다'고 했다. 또 아버지는 내 얼굴을 보더니 '너는 갈수록 얼굴빛이 좋아진다'고 하셨다. 마음에 쌓여서 한이 될 수도 있는 것들인데, 그것이 다 빠져나가서 얼굴빛이 맑아지는 모양이다. 글이 가지는 치유의 힘이 이런 것이로구나! 절감했다. 나한테 글은 기도이고, 참선이다. 기도와 참선으로 날밤을 샌 것보다 글 한 편이 더 큰 효과가 있다. 지금처럼 마음이 맑은 적이 없었다. 요즘 병이 없다. 모든 병이 마음에서 생긴다는데, 마음의 짐을 덜어서 그런 모양이다. 마음에 있어도 말을 하지 못하는 사람들이 많다. 따라서 앞으로는 도움을 주고, 위로가 되는 그런 시간을 살고 싶다."

저자가 이런 내용의 서문을 써주었으면 싶었다. 그래서 7월 14일, 대강 받아 적었던 그날의 이야기를 거칠게나마 정리해서 이메일로 보냈다. 이틀 뒤 「여는 글」이 도착했다. 감동적이었다. 독립된 글로서도 손색이 없었다.

"사람이 살아가면서 마음속에 쌓아둔 것들을 털어내지 않으면 그게 병이 되고 한이 된다는 것을 알았다. 그 때 내 심정이 꼭 그랬다. 어떤 형식으로라도 쏟아내지 않으면 내가 드러누울 것 같았다. 내가 살 수 있는 길은 오직, 옴짝달싹 못하게 나를 동여매고 있는 과거의 기억에서 벗어나는 것 밖에 없었다. 어떻게 해야 벗어나는지 알 수는 없었지만, 나는 살고 싶어 글을 썼다. 그런데 여기까지 왔다. 글을 쓰면서 나는 놀랐다. 내 안에 그렇게도 많은 슬픔이 담겨 있었다는 것에 새삼 놀랐다. 쉼 없이 쏟아내도 줄기차게 쏟아지던 분노와 슬픔과 서러움을 보는 순간, 이렇게 엄청난 양을 가슴에 담아 두고서 어찌 견뎌 왔는지 놀랄 지경이었다. 그런데 이것이 어찌 나만의 일이겠는가. 사람들이 살아가는 모습을 들여다보면, 소설이나 영화가 감히 따라 잡을 수 없을 정도로 훨씬 극적인 경우가 허다하다. 다만 나는 그걸 글이라는 형식을 빌려 드러냈을 뿐이다."

저자는 자신이 글쓰기로 위로를 받았듯이 자신의 글을 통해 타인이 위로받았으면 한다고 했다. "나는 이제 글의 힘을 믿는다. 그리고 생각한다. 이 치유의 힘을 독자에게 돌려줘야 한다는 것을. 과거의 나처럼 마음속에 독기운을 품고 신음하는 사람에게 손길을 내밀어야 한다는 것을……. 나의 글을 읽는 독자들도 책을 읽는 동안 위로받고 치유되었으면 좋겠다."

사실 저자의 진솔한 글을 읽다보면 독자도 공감하는 가운데 '깊은 위로'를 받는다. 독자가 자신을 돌아보게 만드는 '마중물' 역할을 하기 때문이다. 이 시리즈가 꾸준히 독자의 관심을 끄는 이유도 여기에 있다. 이 책의「여는 글」은 이렇게 태어났다. 제목으로 '깊은 아름다움' 대신 '깊은 치유'나 '깊은 위로'를 제안했다. '치유'와 '위로'라는 단어는 출판트렌드를 반영한 것이기도 하다. 상의 끝에 '깊은 위로'로 낙점을 봤다.

서문은 초강력 비아그라 ……… 책은 원고가 입고되고, 서문을 작성하고, 제목을 짓는 순서로 만들어졌다. 그래서 '깊은 위로'라는 제목과 서문의 내용은 같은 유전자를 지니고 있다. 본문은 서문의 명을 기다리는 신하와 같다. 서문의 품에서 본문은 통일된 조명을 받으면서 하나의 관점으로 거듭난다. 그리고 서문은 책 제목을 훌륭하게 보필한다. 낱낱의 글일 경우 특성을 포착하기가 쉽지 않다. 결국 그 글 중에서 한 꼭지를 책의 제목으로 삼는 경우가 흔히 있다. 가능하면 그렇게는 하고 싶지 않았다. 전체를 묶어줄 수 있는 제목이 필요했다. 그러기 위해서는 서문의 역할이 중요하다. 책(본문)은 서문의 방향에 의해 신생하고, 다시 제목으로 광채를 낸다.

책을 만들 때 저자와의 대화는 소중하다. 꼭 해당 책에 관한 직접적인 이야기가 아니더라도 사사로운 이야기 속에서 얼마든지 해당 책의 핵심, 홍보 방향 등의 영감을 얻을 수 있다. 귀를 열어두고 곳곳에 낚싯대를 드리워야 한다. 저자가

방목하는 이야기 속에서 대어를 낚을 수 있도록. 저자는 독자의 입장에 서기가 쉽지 않다. 자기 글 안에 있는 탓이다. 이때 편집자는 독자의 입장에 서서 저자의 말을 낚아채야 한다. 이 책의 경우 글을 쓰면서 스스로 치유되었다는 저자의 이야기에 주목한 결과 뜻밖의 결실을 본 것이다.

『깊은 위로』는 서문이 본문을 껴안고, 서문이 다시 제목을 껴안는 구조다. 보통 독서과정은 책이 만들어지는 과정과 반대다. 본문 → 서문 → 제목 순이 아니라 제목 → 서문 → 본문 순으로 이루어진다. 독자는 기획의도에 맞게 독서를 하게 되는 것이다. 즉 우리가 만든 틀 속에서 감동을 맛본다 하겠다.

도판은 글과 직접 연관된 것도 있지만 긴밀한 연관성이 없는 것들도 많다. 그 자체로 독자성을 가지고 화보의 역할을 해내며 시각적인 즐거움을 주도록 했다. 글 사이에 배치된 그림과 풍경 도판은 내용과 직간접적으로 연결된 채, 인상적인 도판설명으로 인해 흥미로운 읽을거리가 된다. 내용과 대등한 관계에 있으면서 또 하나의 텍스트로 기능하며 내용에 추임새를 더한다. 뒤표지 문안도 책 제목과 어우러지게 "글을 쓰고 그림을 보면서 나는 스스로 치유되었다"로 뽑았다. 자서전 쓰기,

책을 만들 때 저자와의 대화는 소중하다. 꼭 해당 책에 관한 직접적인 이야기가 아니더라도 사사로운 이야기 속에서 얼마든지 해당 책의 핵심, 홍보 방향 등의 영감을 얻을 수 있다.

치유의 글쓰기 같은 유행하는 얘기를 염두에 둔 카피이기도 했다.

그리고 남은 이야기 ········· 저자는 글쓰기로 삶을 껴안는다. "나는 나의 시간들을 객관화시키는 과정을 통해 내 영혼을 닦아 나가고 있다." 저자의 이야기는 두 권이 더 남아 있다. 그는 「닫는 글」에서 이렇게 적었다. "이제부터 쓰게 될 4권은 그야말로 현장에서 직접 본 동양미술을 소개하는 글이 될 것입니다. 아마 조각과 건축이 많은 부분을 차지하겠지요. 4권이 끝나면 동양미술을 넘어 서양미술까지 아우를 수 있는 동서양미술의 교류에 관심을 가져볼 계획입니다. (중략) 4권을 시작할 때면 그 첫 번째 글 여행이 캄보디아의 앙코르와트가 될 것이라 생각했습니다. 이유는 모르겠습니다. 왜 굳이 앙코르와트여야 하는지 저는 알지 못합니다. 한 영혼을 사랑하는 데 이유가 없듯이 앙코르와트를 향하는 저의 마음 또한 설명할 수가 없습니다. 다만 지금의 저의 심정은 오랜 세월동안 마음에 담아두었던 연인을 만나러 가듯 떨리고 조바심이 납니다."

이미 한 인터넷 카페에 연재한 앙코르와트 답사기는 미술사학자로서의 전문성과 저자의 자기발견이 어우러져 장관을 연출한다. 독자는 저자를 따라 앙코르와트를 둘러보는 가운데, 앙코르와트와 교감하는 저자의 내면세계를 통해 자신을 돌아보는 사유의 시간을 가질 수 있다. 저자는 4권에서 태국, 캄보디아, 미얀마, 인도네시아를 돌아보고, 5권에서는 인도, 중국, 일본을 거쳐 우리나라로 끝낼 예정이라고 한다. 이 시리즈는 지극히 사적인 이야기에서 시작하여 국내 각지를 답사하고, 동남아, 인도, 중국, 일본으로 뻗어가서 제자리로 돌아오는 여정이 된다. 이때의 저자는 첫 권을 쓸 때의 저자가 아니라 더 넓은 시야와 넉넉한 마음으로 거듭난 저자이다. 그는 말한다. "똑같은 하루를 살아도 그냥 사는 것보다 글을 쓰며 사는 것이 인생을 10배는 깊이 사는 것 같다."

세상에서 가장 쉬운 창의성 계발 프로그램

그림은 누구나 그릴 수 있을까? 창의성을 계발하는 방법은 없을까? 미술품 컬렉터이자 경제학자인 김재준 교수는 이런 의문을 화두삼아 창의성 계발 프로그램을 기획한다. 선 긋기부터 시작해서 자기만의 그림 스타일을 갖기까지 다양한 실험을 통해 예술적 창조성이 화가들만의 전유물이 아니라 우리 모두의 것임을 알려준다. 『화가처럼 생각하기(1·2)』는 이런 내용을 중심으로 실제 창작 과정과 워크숍에서 찾아낸 창의력 계발 프로그램 실습과정을 생생하게 보여준다. 이 책은 체험적인 내용 못지않게 아이디어를 구상하게 된 일화도 몹시 흥미롭다.

조깅으로 구상한 창의력 계발 프로그램 ········ 흔히 책이 사람을 바꾼다고 한다. 지리멸렬하던 일상이 책 때문에 확연히 달라진 경우를 두고 하는 말이다. 저자가 그랬다. 서점에서 우연히 접한 책을 읽고 놀라운 변화를 경험한다. 독일 외무장관인 요슈카 피셔의 『나는 달린다』가 문제의 책이다. 112kg의 뚱보였던 주인공이 조깅을 한 후 75kg으로 날씬해졌다고 해서 국내에서도 주목을 받았다. 조깅과 담을 쌓고 지냈던 저자도 '조깅형 인간'으로 거듭난다. 몸에 군살이 빠지고 싱싱한 활력이 생긴다. 몸의 변화는 마음의 변화로 이어졌다. 달리다보면 때로는 풀리지 않던 문제가 실타래처럼 풀렸다. 창의력 계발에 관한 아이템을 구상한 것도 이때다.

"한 3개월 정도 달리니 몸도 가볍고 머리가 너무나 깨끗하다. (중략) 그러던 어느 날 밤 책상에 앉아 있는데 갑자기 모든 것이 투명하게 보이는 느낌이었다.

111

아이디어가 하늘에서 쏟아져 내리는 기분이었다. 난 단지 받아쓰기만 하면 되는 그런 상태가 거의 일주일간 지속되었다."

뜻밖의 성과였다. 따지고 보면 조깅도 창의력 계발과 밀접한 관련이 있다. 저자가 제안하는 창의성 계발의 네 가지 기술(뛰고, 노래하고, 그리고, 글 쓰는) 가운데 하나가 조깅이다. 조깅으로 구상한 창의성 계발 아이템은 책으로 내기 전에 수강생과 함께 실습과정을 거친다. 그리고 전 과정을 문화예술 웹진 〈아트라이프숍〉(www.artlifeshop.com)에 마련한 '창의성을 일깨우는 미술' 코너에 올린다. 전체 20주 프로그램은 디자이너, 기자 등의 수강생과 작업하며 토의한 내용들이다. 저자는 선, 얼굴, 마음, 의도, 나, 방향, 입체, 건축, 조소, 표현 등 다양한 주제로 수강생들의 창의성을 자극한다. 하지만 시종일관 '마중물' 역할에 머문다. 어떤 경우에도 실습이나 지식을 강요하지 않는다. 수강생이 스스로 하게 하되, 대화로 그들이 느낀 바를 이끌어낸다. "우리는 잠재력을 계발하고, 창의성을 발견하는 것을 목표로 하고 있습니다. 더 예쁘게 그린다든지, 더 잘 그린다든지 하는 것이 아니라 이것을 통해 내가 변화하는 과정을 지켜보는 것이죠."

웹진 〈아트라이프숍〉에 찾아갔을 때는 운영이 중단된 상태였다. 철 지난 글들이 폐가의 세간살이처럼 남아 있었다. 여섯 개로 분류된 카테고리 속 코너를 뒤적거렸다. 쓸 만한 옷가지라도 건지려는 심정으로. 그러다 창의력 계발 실습 과정에 눈길이 멎었다. 대화로 구성된 글들을 찬찬히 읽어보았다. 예사롭지 않았다. '첫째 주 이야기'부터 '스무 번째 주 이야기'까지 원고를 '펌질'해서 검토에 들어갔다. 잔잔한 감동이 일었다. 저자에게 이메일을 보냈다.

원고를 두 권으로 만들다 ········ 각 주는 평균 4~6꼭지로 구성되어 있었다. '첫째 주 이야기 – 선'에 4꼭지(우연히 선을 긋다, 긴장을 풀다, 선에 생명을 불어넣다, 첫 작품을 완성하다), '둘째 주 이야기 – 얼굴'에 4꼭지(얼굴을 디자인하다, 의도를 설명하다, 내 그림을 평가하다, 소리를 그리다), 이런 식이었다. 한 주마다 평균 4꼭지만 잡아도 총 20주니까 80꼭지가 된다. 한 권에 담기에는 양이 넘쳤고 두 권으로 나누기에는 조금 모자랐다. 다른 코너에서 함께 묶을 수 있는 글들을 정리해보았다. 다음은 글의 제목과 대강의 내용이다.

1. 빌 게이츠, 레오나르도 다 빈치, 리처드 파인만: 세 사람을 중심으로 본 창의성의 중요성에 관한 이야기

2. 창작은 예술가만의 영역인가: 저자의 개인전 〈회화의 창작 과정에 대한 연구〉에 관한 한 잡지와의 인터뷰

3. 나만의 조형어법 발견하기: 창조적인 사람은 무엇이 다르며, 사람을 창조적으로 만드는 방법은 무엇이고 훈련은 가능한가 등의 내용

4. 좋은 디자이너가 되기 위한 조건: 예민한 감각, 에너지 레벨, 인내심 등 좋은 디자이너가 되기 위한 조건

5. 창작을 위한, 몸과 마음의 준비운동: 달리기에 관한 체험을 중심으로 발성과 창의성, 예술을 보는 눈, 침묵과 명상 등에 관한 이야기

6. 갤러리 아트라이프의 전시회 이야기: 윤호섭, 박영훈, 황두진의 전시회 팸플릿 글, 작가와의 대화, 초대엽서와 작가노트 등을 소개

7. 평론적인 글 써보기: 자신의 감성과 논리로 평론 같은 글을 써보자는 취지로 박영훈, 이강소의 작품에 관해 쓴 저자의 글과 가장 재미있게 읽었다는 리히터에

관한 평론 인용 소개

8. 창의성을 깨우는 미술: 첫째 주 이야기부터 스무 번째 주 이야기까지, 창의력 계발 실습 과정을 소개

9. 창의성 수업의 결과: 학부생을 대상으로 한 창의성 워크숍의 성과 소개 외

10. 창의성을 키워주는 어린이 미술교육: 〈아트라이프숍〉에서 마련한 어린이 미술교육 사례 소개

11. Play with the conceptual art: 창의성과 관련된 축구와 개념미술, 이메일 아트, 전쟁의 재구성 등 저자의 작품과 전시회 소개

12. 자, 이제는 just do it!: 창의성 계발을 위해 매일 15분씩이라도 떠오르는 대로 적고 그려보자는 제안

　글을 재분류해서 두 권으로 편집했다. '창의력을 일깨우는 미술'을 중심 주제로 정하고 총 20주의 원고를 10주씩 절반으로 나누었다. 1권에서는 선 긋기부터 회화·건축·조소 같은 장르를 통해 10주 동안 수강자의 내면을 탐색하도록 했다. 2권에서는 호흡의 변화와 리듬 표현하기, 비평하기, 이미지로 감정을 표현하기 등 창의성을 깨우는 10주 과정에 실습 결과를 더했다. 이들을 책의 중심인 2부에 배치하고 나머지 글을 앞뒤에 배치했다. 1권은 1,3,5＋8(1~10주), 2권은 2,4,7＋8(11~20주)＋9,10,6,11,12번으로 각각 구성했다. 2권에서는 '8' 외의 글들도 역시 창의력 개발과 관련되어 있었다. 그리고 제목을 손질해서 최종 차례를 만들었다. 1권은 '우리는 모두 창조적 인간이다' '내 안의 창의성을 깨우자'라는 2부로 구성했고, 2권은 '누구나 화가처럼 그릴 수 있다' '내 안의 창

의성을 깨우자' '자, 이제 시작하자'라는 제목을 붙여 3부로 묶었다.

두 권으로 편집한 원고 순서에서 바뀐 것은 없다. 1권의 1부는 체험이 담긴 창의력의 중요성을 일깨워주는 원고로 구성했다. 1,2권의 '애피타이저'에 해당하는 원고들이기도 하다. 2권의 1부에는 창의성 계발과 관련된 글(인터뷰, 디자이너와 창의성)과 사례(평론 써보기) 들을 배치했다. 1권을 통해 1~10주까지의 창의성 계발 실습 과정을 따라 읽은 독자가 2권에서 1부에 배치한 사례들을 자연스럽게 접할 수 있도록 말이다. 그리고 2권의 3부는 학부생을 대상으로 한 창의력 계발 실습 사례와 저자의 체험이 담긴 글이다. 미술품 컬렉터에서 한 걸음 더 나아가 실제 작업을 하는 작가로서 저자의 모습을 확인할 수 있다. 이렇게 정리를 한 다음 원고를 저자한테 보냈다. 며칠 후 이메일이 도착했다. 저자는 내가 구성한 안을 토대로 원고를 손질하고 보완하여 완성도를 높였다.

우표만 한 도판, 출판용으로 살리기 ········ 문제는 도판이었다. 저자에게 출간제의를 했을 때 가장 문제가 된 것은 부실한 도판이었다. 웹진에 올린 도판들은 용량이 턱없이 작았다. 애당초 책을 낼 생각을 하지 않고 찍은 사진이었다. 사용 가능한 크기를 보니 '우표'만 했다. 난관에 부딪혔다. 인쇄용 도판은 해상도가 기본적으로 300dpi 이상은 되어야 한다. 웹진 도판들은 인쇄용으로 부적합했다. 도판이 없으면 실습 과정을 담은 글의 생동감이 현저히 반감된다. 상황을 이해하기도 쉽지 않다. 나는 최선의 방안을 찾아서 머리를 굴렸다. 세 가지 경우의 수가 떠올랐다. 첫째, 사진의 해상도가 낮더라도 최대한 살려서 쓴다. 둘째, 실습 상황을 재연하여 재촬영한다. 셋째, 삽화를 그려서 상황을 설명한다.

하지만 두 번째와 세 번째 방식은 부적절했다. 재연하기에는 부적합한, 미묘한 대목이 한둘이 아니었다. 재연한다면 재연한 광경을 토대로 원고를 다시 쓰는

것이 나왔다. 이러면 비용 증가도 문제가 된다. 삽화 역시 그림으로
는 설명이 불가능한 현장감을 살릴 수가 없다. 결국 첫 번째 방식으
로 가기로 했다. 그래서 생각해낸 것이 인터넷상의 큰 이미지를 그
대로 인화지에 출력한 뒤, 스캔해서 사용하는 보완책이었다. 비록
해상도가 떨어지긴 했지만, 최선의 대책이었다. 그렇게 해서 일부
나마 이미지를 건질 수 있었다. 부족한 도판은 저자가 작업한 작품
들로 메웠다. 저자의 드로잉과 입체작품, 언급된 책 등을 전문 사진
가에게 의뢰하여 촬영했다. 이것과 스캔 이미지를 섞어서 편집하
니, 도판의 흐릿한 인상은 어느 정도 커버할 수 있었다. 같은 맥락
에서 본문 용지도 퍼석한 질감의 이라이트를 사용했다. 사진의 낮
은 해상도를 지질이 완화해주었다.

　　각 주마다 삽화를 곁들였다. 책의 표정을 한층 경쾌하게 만들
기 위한 조치였다. 각 주의 내용을 압축한 삽화를 제목 위치에 삽
입했다. 그리고 일부 문장에 색을 입혔다. 사진이 본문 전체에 고
르게 배치되지 않은 탓에 궁여지책으로 페이지마다 몇몇 문장의
서체를 키우고 색을 넣어서 차별화했다. 원고에 시각적인 변화도
주고, 사진이 없는 페이지의 무표정함도 덜어줄 수 있었다.

너무나 쉬운 창의성 계발 기술 ········ 원고를 읽으면서 나도 조깅을
시작했다. 꼬박 1년 넘게 매일 밤 일산의 호수공원을 한 바퀴씩 돌
았다. 체중이 10kg 넘게 빠졌다. 신체의 변화는 마음의 변화를 가
져왔다. 매사에 자신감이 생겼다. 저자에 따르면 창의력 계발은 특
별한 행위가 아니다. 사람들은 기본적으로 예술적인 잠재력을 가

저자는 창의력을 계발하는 네
가지 기술, 즉 '뛰고' '노래하
고' '그리고' '글쓰기'로 즐겁게
놀면서 수강생과 함께 배우고
느낀다. 그러면서 그들의 잠재
된 창의력을 끌어낸다. 원고 전
개방식도 대화 형식이다. 현장
감이 넘친다.

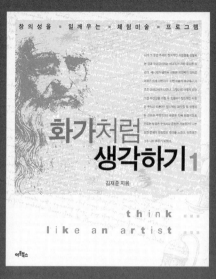

지고 있다. 화가처럼 생각하고 그리면 누구나 창의성을 계발해서 창조적인 생활을 할 수 있다. 저자가 제안하는 창의력 계발 기술도 특별한 것이 아니다. "그래서 내가 창의성을 계발하는 네 가지 기술이라고 생각하는 것이 '뛰고' '노래하고' '그리고' '글 쓰는' 것인데, 어떤 면에서 보면 참 단순한 일이죠. 누구나 조금씩은 하는 일상적인 일이잖아요."

창의성을 계발한 사람들은 어떤가? 그들은 활기찬 에너지와 싱싱한 감수성을 발휘한다. 각자의 내면에 깃든 창의성을 깨우는 방법은 어려운 것이 아니다. 지극히 일상적인 것들이다. 달리기, 노래하기, 그리기, 쓰기. 그래서 저자는 매일 15분만이라도 규칙적으로 예술과 놀고 즐기라고 말한다. 그러면 훗날 창의성이 주는 활력을 푸짐하게 맛볼 수 있다는 것이다.

창의성 계발 프로그램에 날개 달기 ········· "내가 지금까지 쓴 책 중에 아마도 가장 창의적인, 그래서 많은 사람들이 읽었으면 하는 책입니다." 저자가 한 말이다. 그만큼 『화가처럼 생각하기』는 저자가 자신 있게 찾아낸 새로운 방식의 창의력 계발 과정을 보여준다. 저자는 책값을 최대한 낮춰서 더 많은 사람이 볼 수 있었으면 한다고 덧붙였다. 저자가 상상한 이 책의 독자 역시 "미술대학 재학생(아직 조형어법을 발견하지 못했으니까), 이건희 회장 그리고 경영전략실 직원, 제일기획 카피라이터, 문화관광부 사무관들, 미술애호가" 등 창의성이 요구되는 분야의 사람들이다.

『화가처럼 생각하기』는 디자이너, 기자 등의 수강생들과 실행한 창의성 계발 프로그램 과정을 생중계하듯 들려준다. 저자는 수강생들이 선 긋기부터 시작해 자기만의 조형어법을 가질 수 있도록, 갖가지 실험으로 잠재된 창의성에 불을 지핀다. "나는 시각예술이 한 사회의 정체성 형성과 경제성장에 얼마나 중요한 역할을 하는지 많이 생각해왔다. 과학 분야 노벨상 수상자가 많은 나라에는 세계적인 미술가도 많다. 그런데 우리는 미술을 하나의 교양으로만 생각한다. 감상하는 방식도 지극히 수동적이고 피상적이다. 현대미술을 적극적으로 이해하고 즐기려면 작가같이 생각하는 법을 터득해야 한다. 우리는 창조적인 일은 예술가나 과학자의 전유물이라고, 그런 사람은 타고나는 거라고 생각하는 경향이 있다. 그러나 요셉 보이스가 "모든 사람은 예술가다"라고 말했듯이 누구나 자신의 분야에서 이미 창조적인 존재라고 생각한다. 열정이 있고 미적 감수성이 있는 사람은 누구나 약간의 훈련을 통해 작가같이 생각하고 그릴 수 있다는 것을 실험을 통해 검증해보았다."

저자는 정식으로 미술교육을 받은 적이 없지만 스스로 터득한 창의적 조형어법으로 서너 차례 전시회까지 가졌다. "나를 작가라고 생각하는 것은 아니다. 다만 내가 작가같이 생각하고 그릴 수 있다는 것이다. 기본적인 예술적 감각이 있는 대부분의 사람은 예술적 잠재력이 있을 뿐 아니라 기존의 작가들과 같은 수준의 작업을 할 수 있다고 생각한다." 이론적인 탐색과 더불어 실제 작업으로 창의적인 생활을 하고 있는 셈이다. 맛있는 음식을 같이 나누려는 사람처럼 신이 난 표정이다. 이 책에 더 믿음이 가는 이유다. 저자는 창의력을 계발하는 네 가지 기술, 즉 '뛰고' '노래하고' '그리고' '글쓰기'로 즐겁게 놀면서 수강생과 함께 배우고 느낀다. 그러면서 그들의 잠재된 창의력을 끌어낸다. 원고 전개방식도 대화 형식이다. 실습 장면을 그대로 서술하면서 수강생과 선생님(저자)의 대화를 풀어놓는다. 현장감이 넘친다. 미세한 상황에 대한 묘사가 정확하다. 문장이 쉬워서(쉬우면서도 담을 정보는 모두 담는다) 편하게 읽힌다. 곳곳에서 빛나는 통찰이 독서의 속도를 느리게 만든다.

나는 이 책을 '읽히게' 만들고 싶었다. 책 만드는 사람으로서 지극히 당연한 바람이다. 여기에는 그럴 만한 이유가 있다. 우리나라 독서풍조에서는 이상하게도 지문과 대화로 이뤄진 책이 '찬밥 신세'라는 점이다. 우화 형식을 취한 경제경영서의 붐 때문에 많이 개선되긴 했지만 아직도 괄목할 만한 변화는 보이지 않는다. 그래서 이런 스타일은 양질의 내용을 구비했더라도 판매 면에서는 불리할 수밖에 없다. 따라서 수수한 옷차림에 악센트를 주듯 각종 시각장치를 강구해야만 했다. 책의 불리한 여건을 완화하고 미지근한 독서의욕을 조금이나마 데워줄 수 있게 말이다. 사진과 작품 도판, 재미있는 삽화, 본문의 주요 문장 서체 키우기 등이 주요 시각장치다. 소제목도 흥미롭게 달았다. 1,2권 중에서 프로그램 실습 과정에 해당하는 2부의 소제목은 크게 손질하지 않았지만 나머지 1부와 3부는 소제목만으로도 구미를 당길 수 있게 손을 봤다.

예컨대 '빌 게이츠처럼 생각하기' '화가가 많은 나라에 과학자도 많다' '순수미술은 가장 창의적인 작업이다!' '창조적인 사람은 무엇이 다른가?' '무엇이 직업화가와 아마추어를 구별 짓는가?' '보이지 않는 선과 보이는 선의 만남' 등이 그렇다. 은유적인 문안으로 멋을 부리기보다 책의 실용적 기능을 살려 내용과 바로 연결될 수 있는 제목으로 처리한 것이다.

제목, 표지, 띠지의 탄생에서 책의 노출까지 ········ 제목, 표지, 띠지는 속성상 독자 지향적이다. 단번에 독자를 유혹해서 책으로 끌어들여야 한다. 책이 독자의 '성은'을 입을 수 있게 하기 위한 전략의 격전지다. 내용을 정직하게 복창하는 제목은 논문에는 적합할지 몰라도 일반인을 겨냥한 대중서에는 맞지 않는다. 독자의 심리를 바탕으로 문안을 발효시켜야 소구력 큰 제목이 탄생한다. 제목은 독자의 잠재의식을 건드리고, 필요성을 느끼게 하는 것이어야 한다.

처음 제목은 '피카소처럼 생각하기'였다. 본문에 피카소가 구체적으로 등장하지는 않지만 창의적인 화가의 상징적 인물로 가장 대중적이란 판단이 들어서였다. 하지만 저자는 반대했다. 특정인물을 앞세우기보다 그냥 '화가'로 가자는 것이다. 의견이 오간 끝에 '화가처럼 생각하기'로 제목을 정했다. 책이 출간되기 전에 일민미술관에서 시행한 저자의 강좌 명은 '화가같이 생각하기'였다. '화가같이'로 할 것인지 '화가처럼'으로 할 것인지 고민했다. 결국 어감이 부드러운 '처럼'으로 갔다. '화가같이'의 '가'와 '같'의 앞 자음이 같은 'ㄱ'이라 이들이 부딪치면서 드센 느낌을 주기 때문이다. 편집자는 독자의 무의식까지 편집한다.

표지 바탕에는 빌 게이츠가 거액을 주고 샀다는 레오나르도 다빈치의 아이디어와 스케치가 담긴 육필 원고를 깔았다. 이들은 모두 아이디어의 중요성을 인식한 인물이다. 육필원고를 바탕으로 한 다음 1권에는 다 빈치의 초상을, 2권에는 피카소의 얼굴 사진을 각각 은박으로 처리했다. 제목은 '화가처럼 생각하기', 부제는 '창의성을 일깨우는 체험 미술 프로그램'으로 박았다. 진노랑과 연초록으로 1,2권을 구분했다. 실용적인 기능이 있는 책이므로 뒤표지 문안에도 신경을 썼다. 문안은 1,2권을 다르게 작성했다. "아인슈타인처럼 생각하고 다빈치처럼 그리자!"와 "누구나 화가처럼 그릴 수 있다/ 내 안에 잠든 창의성을 일깨우자!"라는 닮은 듯 다른 카피가 나왔다.

띠지에서는 책의 목적을 강조했다. 이 책은 미술작업을 통해 창의성을 일깨우는 데 목적이 있다. 갖가지 미술작업은 어디까지나 수단이며 목적은 창의성 계발이다. 이런 점을 강조하기 위해 띠지 문안에서, 사람들이 떠받드는 과학을 끌어들여 미술과 충돌시켰다. 띠지는 책과 한몸을 이루면서 가장 적극적으로 '호객 행위'를 하는 곳이다. 그렇다고 '이 책을 사라'는 식으로 직설화법을 사용하지는 않는다. 독자의 심리에서 추출한, 호기심을 불러일으킬 '미끼'를 던진다.

"훌륭한 화가가 많은 나라에 뛰어난 과학자도 많다!"라는 1권의 헤드카피는 본문에서 뽑은 문장을 손질한 것이다. 여기에 "미술품 컬렉터이자 작품전을 가진 경제학자 김재준 교수가 실제 창작과 워크숍을 통해 찾아낸 창의력 계발 프로그램"이라는 서브카피로 실용성을 더했다. 띠지 뒷면에는 "한국 최고의 비즈니스 스쿨인 헬싱키경제경영대학원 국내과정(KEMBA) 프로그램이자 일민미술관 최초의 일반인 대상 미술프로그램"을 크게 넣었다. 헬싱키경제경영대학원의 유명세를 빌어 책의 가치를 알리고자 했다. 그리고 그 밑에 "화가처럼 생각하면 화가처럼" 그릴 수 있다는 문안을 작게 넣었다.

2권의 띠지 헤드카피 역시 본문에 나오는 문장을 손질했다. "내가 좋아하는 디자인은 마음속에 있다. 단지 아직 세상에 나오지 않았을 뿐이다!"라는 독일의 조명 디자이너 마우러의 말을 빌려 "좋은 그림은 우리 마음속에 있다. 단지 아직 태어나지 않았을 뿐이다!"로 바꾸었다. 서브카피로 "잠든 창의력의 씨앗을 꽃피우는 20주 동안의 감동적인 체험"을 넣은 후, 뒷면 카피로 1권 띠지에서 소개한 강의 관련 문구를 크게 뽑았다. "일민미술관 최초의 일반인 대상 미술강의"라는 문안 밑에 강좌명, 일정, 시간, 장소 등을 첨부했다.

이 책은 일간지 북섹션에 언급(?)되었지만 만족스럽지 않았다. 같은 저자의 책이 비슷한 시기에 앞뒤로 출간되면 나중에 나온 책이 불리할 수밖에 없다. 이 책이 그랬다. 저자가 공저로 참여한 『언어사중주』김재준 외, 박영사가 먼저 출간되었다. 그 책이 주목받고 저자가 대표로 인터뷰를 하는 바람에 『화가처럼 생각하기』는 소개될 기회를 잃었다. 그나마 저자가 인터뷰에서 책의 존재를 언급한 것으로 만족해야 했다.

홍보를 위해 책을 강좌와 연계했다. 띠지의 문안처럼 광화문 교보문고 맞은편에 있는 일민미술관에서 일반인을 대상으로 한 강좌가 열렸다. 2004년 1월 7일부터 12월 9일까지 매주 목요일에, 총 10회에 걸쳐 이 책을 교재로 사용했다. 강좌가 열릴 무렵 일간지 광고를 통해 책 소개와 강좌 정보를 알렸다.

저자는 텔레비전 책 소개 관련 프로그램에 출연한 김에 책을 간접 홍보하기도 했다. 기대를 걸었던 책이다. 경제학자, 미술품 컬렉터, 화가 같은 저자의 이력도 특이했고 내용도 좋았다. 미술 전공자인 내가 보기에도 내용이 신선했다. 만약 이 실습과정을 적절히 활용한다면 어린이들의 창의성 계발에도 기여하는 고단백 프로그램이 될 것이다. 4쇄를 찍긴 했지만 느리게 움직이는 바람에 초기 판매는 기대치를 밑돌았다.

창조경영을 위한 두뇌훈련서 ········ 미술과 연관된 저자의 책들은 이를테면 '미술에 관한 연구'의 산물이라 할 수 있다. 전작인 『그림과 그림값』자음과 모음에서는 미술품을 직접 사면서, 컬렉터로서 체험한 미술시장의 뒷모습과 그 폐쇄성을 공개했다. 이때 저자는 '관조자'로서의 모습이다. 『화가처럼 생각하기』는 미술시장의 구조에 대한 관심을 접고, 미술(가들이 가진 창의성)의 신비를 직접 탐구한 값진 결실이다. 그런 가운데 예술적 창조성이 화가들만의 전유물이 아님을 밝히며 "우리는 모두 창조적 인간"이라고 주창한다. 반면에 그동안 가진 미술전시회는 저자가 실제 작업한 결과물을 선보인 것이다. 얼핏 보기에 이들은 서로 연관성이 없어 보이지만 잘 살펴보면 내적인 맥락을 추출할 수 있다. 미술을 화두로 '관조자'에서 '탐구자'로, 다시 '창조자(작가)'로 사는 자신을 담고 있다.

이 책은 "특정이념의 선입관, 고정관념에 사로잡혀 있으면 시대의 변화와 흐름을 제대로 볼 수 없는"(이어령) 시대에, 또 창조경영이 화두인 시대에 창의성 계발을 위한 두뇌훈련서로 손색이 없다고 생각한다. 한 일간지에서 이 책의 가치를 제대로 알아본 독후감을 만났다. 흐뭇했다.

"경제학자이자 화가인 김재준이 쓴 『화가처럼 생각하기』아트북스는 그림 그리기를 통해 창의성을 이야기한다. (중략) 내가 진작에 이 책을 읽었더라면 일찍부터 자유롭고 창의적인 생각과 행동을 했을지도 모른다고 생각해본다. 이 책의 소주제처럼 '자주적인 창의력'은 생활 속의 훈련에서 터득되는 것이다. (중략) 그러나 단서가 붙는다. 요제프 보이스의 말처럼, 누구나 다 예술가가 될 수 있다. 단, 예술가가 되려면 치열하게 놀아야 한다." 연극배우 변지연, 〈경향신문〉 2004. 2. 15.

화가를 키운 아내 이야기

미술을 구성하는 요소는 화가와 작품만이 아니다. 작업실, 전시장, 액자, 팸플릿, 아내 등도 있다. 하지만 화가와 작품 중심의 미술세계에서 이런 요소는 소외된다. 생각을 바꾸면, 이들이 미술출판의 '블루오션'이다. 아직 기획의 손때가 덜 묻은 싱싱한 원시림이다. 그래서 화가와 작품을 조명하되, 소외된 요소들로 접근해보기로 했다. 작품의 산실인 작업실(아틀리에), 일반인에게 작품을 선보이는 공간인 전시장, 작품의 바깥에서 작품을 보호하고 살리는 액자, 화가를 내조한 아내, 작품을 담는 그릇인 팸플릿이나 화집, 미술을 홍보하는 매체(잡지, 일간지), 미술품이 거래되는 미술시장 등 화가와 작품을 뒷바라지하는 '숨은 일꾼'이 길게 줄을 섰다.

이들은 일종의 '곁다리텍스트(파라텍스트)'다. 문학평론가 김현은 책을 이루는 물질적 요소 가운데 본문을 뺀 나머지를 '곁다리텍스트'라고 부른 바 있다. 서문, 발문, 헌사, 판권, 저자 소개, 표제, 부제, 제사, 차례 등이 여기에 해당한다.

내가 기획한 곁다리텍스트 중에는 놓쳤거나 출간한 것도 있고, 현재 진행중인 것도 있다. 그중 세 가지만 언급해보자. 틈틈이 전시회 팸플릿에 관한 책을 구상하다가 마침 일본에서 출간된 팸플릿 관련 책을 발견했지만 저작권이 팔린 상태였다. 그런가 하면 액자에 관한 책은 우연히 만났다. 교보문고 외서 코너 입구에서 헐값에 파는 원서들을 살펴보다가 액자를 주제로 한 책과 눈이 맞았다. 즉시 구입해서『그림보다 액자가 좋다』로 번역 출간했다. 액자의 다양한 모양을 보

124

여주는 가운데, 그동안 소외되었던 액자의 역할과 기능을 재인식하게 한다. 전시장과 관련된 책으로는 『전시의 연금술, 미술관 디스플레이』를 번역 출간했다.

거지의 눈에는 먹을 것만 보인다고 했다. '곁다리텍스트'에 대한 관심은 종종 뜻밖의 인연을 낳았다. 아내를 통해 화가들의 삶과 작품세계를 엿볼 수 있는 『화가의 아내』가 그랬다. 우여곡절 끝에 아트북스와 한 식구가 된 책이다.

'화가의 아내'를 구상하다 ……… 기획부터가 우연이었다. 세잔의 화집을 보다가 새삼스럽게 부인의 초상화에 눈길이 갔다. 성질이 괴팍하기로 유명한 이 화가는 기이하게도 십수 점이 넘는 부인의 초상화를 남겼다. 왜 그랬을까? 곰곰이 생각하다가 문득 박수근과 이중섭이 떠올랐다. 알다시피 박수근 그림의 모델이 된 여인은 아내 김복순이고, 이중섭의 엽서그림에 숱하게 등장하는 여인도 일본인 아내 이남덕(한국 이름)이다. 그 밖에도 국내외 화가들의 그림 속에 남아 있는 아내들의 초상은 많았다. '그래, 아내들의 신산한 삶을 통해서 화가들의 작품세계를 조명해보자. 제목은 화가의 아내다.' 그렇게 책 한 권의 기획이 이뤄졌다. 아내의 이야기가 가능한 국내외 화가의 명단에서 팁까지, 대강의 밑그림이 순식간에 그려졌다. 문제는 필자였다. 다른 일을 진행하는 틈틈이 필자 물색에 나섰다. 하지만 이 주제에 흥미를 느끼고 집필하겠다는 사람은 없었다.

2년여의 시간이 훌쩍 지나갔다. 그러다 2004년 하반기에 이

석우 교수의『예술혼을 사르다 간 사람들』을 읽으며 다시 '화가의 아내'를 떠올렸다. 이 책은 불꽃같은 생을 살다간 국내 화가 13명의 치열한 삶과 예술세계를 다룬 것으로, 생활고를 책임지며 화가를 뒷바라지했던 아내들의 삶이 비교적 상세하게 언급되어 있다. 가슴이 뭉클했다. 화가를 키우고 빛내는 건 순전히 아내들의 공이었다.『예술혼을 사르다 간 사람들』은 화가의 아내 입장에서 읽어도 좋은 책이다. '화가의 아내' 기획은 더 구체화되었다.

　내가 구상한 기획안은 대강 이랬다. 화가의 아내를 다루되 내용을 세분화했다. 화가별(서양과 한국, 근대화가와 현대화가), 장르별(서양화, 한국화, 조각, 판화 등), 시기별(르네상스 이전과 근대미술, 현대미술, 동시대미술 등) 등 기초적인 구분을 토대로 간단한 얼개를 짰다. 1) 서양화가의 아내 2) 우리나라 화가의 아내 3) 서양화가의 아내＋우리나라 화가의 아내. 이들 중 하나를 선택해 화가나 장르, 시기 등으로 내용을 구성한다. 3)의 절충방식을 계획한 이유는 서양과 우리나라 화가에 밝은 저자를 만나지 못할 경우 1)과 2)를 결합하여 한 권으로 끝낼 작정이었기 때문이다.

　나는 그동안 눈여겨봐둔 화가와 아내를 중심으로, 더 많은 화가의 아내 초상화와 관련 자료를 찾아다녔다. 화가의 아내에 관한 정보는 생각보다 많지 않았고 있다고 해도 찾기가 쉽지 않아서였다. 자료 수집은 이렇게 진행됐다. 첫째, 독자가 알 만한 유명 화가들의 그림 중에서 아내의 초상화를 찾아보았다. 막상 찾아보니 쉬운 일이 아니었다. 미술사나 미술이야기는 화가들 중심으로 서술된 까닭에, 화가를 키운 아내들의 흔적은 거의 없었다. 둘째, 내가 접해온 수많은 미술 관련서를 뒤적였다. 서양과 우리나라를 가리지 않고 화가의 아내에 관해 언급한 책과 글을 모았다. 화가의 에세이, 화가에 관한 평전, 화단야사 등이 그것이다. 그런데 우리말로 번역된 서양화가의 자료는 오히려 부족했다. 예상과 달리 우리

화가의 아내

위대한 예술을 내조한 화가들의 아내 이야기

♀
시라카 이사에 지음
변은숙 옮김

아트북스

저자는 반려자인 아내들의 삶의 궤적을 추적하되, 그들의 성장환경부터 사랑, 결혼, 이별, 죽음까지를 종합적으로 복원한다. 그러면서 아내가 거장의 작품세계에 끼친 영향까지 파헤친다.

나라 화가의 아내 이야기가 상대적으로 많았다. 화가의 아내에 관한 작은 언급에도 가슴이 뛰었다. 그것을 단서로 화가와 작품 이야기는 얼마든지 풀어갈 수 있었다. 셋째, 미술서 외의 책들에서 아내를 언급한 글을 모았다. 에세이와 시, 소설 등이 그것이었다. 이렇게 문학 쪽을 기웃거린 데는 저자가 아내에 대한 남편의 심정과 아내의 심정을 그리려면 이런 글들을 통해 그 감정을 추체험할 필요가 있겠다 싶어서였다. 또한 자료가 부족할 경우 화가와 아내의 미묘한 감정 표현으로 원고분량을 조절하는 데 도움이 되겠다 싶었다.

　저자의 조건으로는 두 가지를 염두에 두었다. 먼저 미술을 알되 결혼한 여성으로 잡았다. 결혼생활을 해보지 않은 사람은 부부 사이의 내밀한 감정 영역을 이해하지 못할 수 있기 때문이다. 이는 글의 밀도와 관련 있는 중요한 사항이다. 다음으로 미술을 알되 사랑 중이거나 연애경험이 있는 여성이다. 이것도 같은 이유다. 남녀 사이의 애정 서술에는 유사하게나마 체험이 밑받침되어야 찰진 글이 나올 수 있다. 마땅한 저자가 있으면 그동안 정리해둔 생각과 모아둔 자료를 제공하고 세부적인 부분까지 얘기해줄 작정이었다. 하지만 필자는 여전히 나타나지 않았다.

『화가의 아내』를 만나다 ……… 하늘은 역시 스스로 돕는 자를 도왔다. 인연이 되려고 했는지 우연히 『화가의 아내』와 '상봉'했다. 한 미술 관계자가 가져온 일본 원서들 속에 『화가의 아내』가 끼어 있었다. 그가 돌아간 뒤 담당편집자가 대수롭지 않은 듯이 말했다. 그 미술 관계자가 보여준 원서 중에 화가의 아내를 다룬 책도 있었다고. 나는 얼른 그 책을 보여달라고 했다. 19인의 화가와 아내를 다룬 깔끔한 차림새의 양장본이었다. 도판의 양이 적었다. 한 꼭지에 하나씩. 차례에 소개된 화가의 이름을 확인해보았다. 서양화가 위주였고, 일본 화가도 한 명 있었다. 구성이 나쁘지 않았다. 곧장 에이전시에 연락하라고 했다. 그리고 내가 구상하던 '화가의 아내' 기획안을 일단 접었다. 책의 모양새는 내가 생각했던 방식과 달랐지만 구하기 쉽지 않은 화가의 아내에 관해 그만큼 자료를 수집하고 정리했다는 점에 큰 점수를 주었다. 그리고 이 책을 출간한다면 굳이 내 기획안을 밀어붙일 필요는 없었다. 아무리 기획안이 좋아도 관련 자료가 부족하거나 저자가 없으면 빛 좋은 개살구이기 십상이다. 그런데 이 책의 저자는 세계 각지를 돌아다니며 방대한 자료를 찾아냈다. 출생연도를 알 수 없을 정도로 기록이 부재한 아내들의 삶을 추적하는 일이 만만치 않았다고 한다. 또 저자는 화가가 그린 아내의 초상화를 일일이 찾아다니며 직접 원화로 보고, 화가의 명성에 묻혀 있던 아내들의 삶을 자세히 밝혔다. 글은 비교적 건조했지만 저자의 애정과 노고가 역력히 드러나 있었다.

저자는 반려자인 아내들의 삶의 궤적을 추적하되, 그들의 성장환경부터 사랑, 결혼, 이별, 죽음까지를 종합적으로 복원한다. 그러면서 렘브란트 하르먼스 판 레인(사스키아 렘브란트), 장 프랑수아 밀레(카트린 밀레), 에두아르 마네(수잔 마네), 폴 세잔(오스탕스 세잔), 오딜롱 르동(마키유 르동), 아메데오 모딜리아니(잔 에뷔테른), 디에고 리베라(프리다 칼로), 앙리 마티스(아멜리 마티스), 파블로

피카소(올가 피카소), 마르크 샤갈(벨라 샤갈), 살바도르 달리(엘리나 달리) 같은 화가들을 위해 아내들이 어떤 공헌을 했는지 생생하게 보여준다(괄호 속 이름은 화가의 아내다). 그러면서 아내가 거장의 작품세계에 끼친 영향까지 파헤친다.

몸매가 포동포동한 아내 덕분에 만들어진 르누아르의 오동통한 인물 화풍, 아내의 억척스런 생활력에 힘입어 농민화가로 성공한 밀레, 아내의 야생화 사랑에 빚진 르동의 환상적인 꽃그림 등 그림을 낳은 건 화가지만 화가를 키운 것은 8할이 아내였다. 화가들이 그린 아내의 초상화가 예사롭지 않아 보이는 것도 아내에 대한 각별한 애정 탓일 것이다. 사랑하는 아내를 목석 대하듯 무심하게 묘사할 화가는 많지 않다. 사랑하는 사람이기에 그곳에 녹아 있을 애정의 농도가, 초상화에 담긴 붓질이며 색감을 더 눈여겨보게 만든다. 화가가 그린 아내의 초상은, 화가가 아내에게 바치는 '사랑의 헌화가'인 것이다.

한국어판 '화가의 아내'를 코디네이션하다 ········ 문제는 한국어판을 어떻게 만들 것인가였다. 원서에는 각 꼭지마다 도판이 1컷씩 들어 있었다. 텍스트 위주의 책이었다. 본문디자인이 심플했다. 일단 담당편집자를 정하고 함께 상의했다. 원서의 심플한 이미지를 살리되, 도판을 몇 컷 더 수록하는 쪽으로 잡았다. 원서는 과장하자면, 본문의 표정이 조금 심각했다. 한국어판 분위기를 이와 같이 하는 것은 독자에 대한 예의가 아니다 싶었다. 근엄한 표정을 풀어줄 필요가 있었다. 메인 컷을 중심으로 2~3컷의 도판을 더

수록해서 친근감을 주는 쪽으로 이미지 메이킹을 시도했다. 물론 일본 출판사에, 우리나라 독자들에게 어필할 수 있도록 본문디자인을 다르게 해도 좋다는 허락을 받았다.

일본의 미술책과 우리나라 미술책은 분위기가 사뭇 다르다. 그들의 미술책은 심플한 체형이고, 우리는 화려한 체형이다. 도판도 일본 책의 경우 흑백 편집이 눈에 띈다. 그런데 우리나라 미술책은 흑백 편집으로는 독자들을 사로잡지 못한다. 이는 양국에 뿌리내린 미술책 출판의 차이에서 비롯된다. 일본에는 작품을 즐길 수 있는 화집·도록 출판이 자리를 잡았다. 그래서 텍스트 위주의 이론서는 흑백도판으로 편집하더라도, 화집을 통해 작품을 생생하게 감상할 수 있다.

하지만 우리나라는 화집·도록 출판의 불모지다. 미술출판에서 홀대를 받는 것이 화집류다. 출판사에서는 수요층이 없으므로 기피하고, 그나마 출간되는 것들은 고가인데다가 대부분 출판사를 통해 출간되는 것이 아니어서 구하기 쉽지 않다. 이런 현실에서 미술책은 갈수록 컬러풀해진다. 이론서가 화집을 겸해야 하기 때문에 도판이 컬러로 '빵빵하게' 들어가야 하는 것이다. 우리는 전통적으로 문자를 숭상하고 그림을 낮게 보는 경향이 강해서, 그림＋도판으로 된 책마저 무의식적으로 홀대하는 것이 아닌가 싶다.

『화가의 아내』 한국편을 고민하다 ········· 잘 지은 제목은 한 권의 책을 품고 있는 씨앗이다. 작은 씨앗이 발아하여 화사한 생명체로 자라듯이 매혹적인 제목 하나가 책 한 권을 낳는다. 『화가의 아내』가 그렇다. 그냥 머릿속에 떠오른 '화가의 아내'가 그대로 한 권의 책이 되었다. 원서의 제목은 직역하면 '화가의 아내들'이었다.

그런데 이를 밀어붙이려고 하다 보니, 한 가지 고민이 생겼다. 번역서『화가

의 아내』는 서양화가 중심이다. 그래서 우리나라 화가들의 아내를
대상으로 한 '한국편'을 따로 만들어야겠다고 생각했다. 한국편을
위해 '화가의 아내'를 시리즈 명으로 할지 책 제목으로 할지가 고민
이었다. 결국 시리즈 명을 포기하고 제목으로 낙착을 보았다. '화
가의 아내' 말고 다른 제목은 어색했다. 부제는 "위대한 예술을 내
조한 화가들의 아내 이야기"로 잡았다. 그리고 뒤표지 카피를 "화
가의 연인은 로맨틱하지만 화가의 아내는 위대하다!"로 정했다.
『화가의 아내』는 비록 센세이셔널한 '치맛바람'을 일으키진 못했
지만 꾸준히 독자의 품에 안기고 있다.

우리 화가의 빛이 된 아내들

"화가는 자식을 잘 둬야 한다." 이중섭과 박수근의 위작 논란 사건을 지켜보면서 떠오른 말이다. 검찰 발표에 따르면, 한국고서협회 고문 김용수가 이중섭의 작품이라며 소장하고 있던 2,800여 점 모두 위작으로 드러났다. 그런데 정작 안타까운 점은 따로 있었다. 위작 사건에 대해 이중섭과 박수근의 아들이 보여준 상반된 태도다. 박수근의 아들 박성남은 아버지의 작품이 위작임을 밝히기 위해 백방으로 애를 썼다. 하지만 이중섭의 아들 이태성은 아버지의 그림 위작 유통에 관여한 혐의를 받고 있다(물론 박성남도 2008년에는 박수근의 〈빨래터〉 위작 사건과 관련하여 구설수에 올랐다). 어떤 이유 때문인지 알려진 바 없지만 위작임을 알고도 유통하려 했다는 혐의다. 이중섭이 자나 깨나 사랑하고 그리워했던 자식이 아버지의 화업에 씻지 못할 상처를 남긴 것이다. 한 신문의 만평에서 눈물을 흘리던 이중섭의 얼굴이 지워지질 않는다.

화가의 짐이 된 아들 ········ 자식 중에도 효자가 있고 불효자가 있듯이 화가의 아들도 마찬가지다. 아버지의 작품세계를 빛낸 자식이 있는가 하면, 작품세계에 폐를 끼친 자식도 있다. 화가의 예술적 성취가 곧 대중성으로 이어지는 것은 아니다. 작품성과 대중성은 별개일 수 있다. 작품은 유족이 관리하기에 따라 주목을 받을 수도 있고, 흠이 날 수도 있다.

　아들의 사업이 부도 나는 바람에 거액의 사업자금을 대려고 늘그막에 대량으로 그림을 그린 한 원로화가가 있었다. 그의 작품 중에서 이때 그린 것은 작품성이 현저히 떨어진다는 평가를 받았다. 또 사업 때문에 부부화가였던 부모의 작품이 뿔뿔이 흩어진 경우도 있다. 모두가 한국 현대미술사에 굵은 획을 그은 화가들이다. 물론 불효자만 있는 것은 아니다. 아버지의 작품을 정리하기 위해 교수직을 버린 자식도 있다. 아버지의 이름을 딴 문화재단을 설립하고, 흩어진 작품을 정리하며 각종 전시회 개최로 아버지의 작품을 알리고 있다. 작품은 사후 관리가 중요하다. 화가가 죽은 후에 유족이 작품을 어떻게 보전하는가에 따라 화가의 미술사적·대중적 위상이 달라진다. 같은 맥락에서 남편의 '화업'을 기리고 대중화하기 위해 몇몇 아내가 보여준 헌신은 돋보이지 않을 수 없다.

부암동에 환기미술관을 설립하여 수화 김환기의 작품을 세계화했던 김향안, 문신미술관을 운영하며 남편(조각가 문신)의 작품을 대중화하고자 아트상품을 개발한 최성숙, 대전에 고암 이응노미술관을 건립하는 데 열정을 쏟은 박인경, 국립현대미술관에 남편 박길웅의 작품 대부분을 기증한 박경란 등. 이들의 노력이 아니었다면 그들은 지금처럼 우리 곁에 살아 숨쉬는 화가가 아니라 잊힌 화가가 되었을지도 모른다.

기획에 빛을 준 저자 ········· 『화가의 빛이 된 아내』는 우리 화가의 아내들을 소개하고 있다(한 명은 조각가다). 이 책은 서양을 중심으로 화가의 아내를 다룬 번역서 『화가의 아내』 '한국편'으로 기획되었다. 오랫동안 아이디어로만 있다가 2006년 11월 말에 비로소 빛

133

을 보았다. 기획단계에서 생각한 저자의 조건은 앞서 밝혔듯이 미술전공자보다 미술을 아는 기혼 여성이거나 연애경험이 있는 여성이었다. 여기에 한 가지 더한다면 젊은 감각을 지닌 에세이 풍의 글쓰기가 가능할 것.

미술 전공자를 염두에 두지 않은 것은 글이 자칫 미술사적 지식으로 흘러버릴 가능성이 크기 때문이다. 게다가 내가 생각한 글은 정보전달 위주의 건조한 스타일이 아니라 읽는 즐거움을 주는 말랑말랑한 스타일이었다. 미술에 관해서는 상식 정도의 지식만 있으면 된다고 생각했다. 젊은 감각을 강조한 것은 미술에 관심이 있는 젊은 여성과 기혼 여성에게 어필하려면 감각적인 문장이 필요하다는 판단에서다. 에세이 풍의 글쓰기는 이미 말했듯이 글이 부드러웠으면 해서였고, 또 아내들의 마음씀씀이를 제대로 풀어내려면 여성의 입장에서 글을 쓰는 것이 좋겠다는 생각에서였다.

물론 유명한 저자를 집필자로 고려하지 않은 것은 아니었다. 저자의 명성이 판매에 지대한 영향을 끼친다는 사실을 모르지 않기에. 유명저자는 일정한 독자층이 형성되어 있는데다 단행본 작업에 필요한 노하우도 갖고 있어 작업하기가 편하다. 반면에 초보저자는 지명도도 없고 단행본 체

역량 있는 초보저자를 발굴했다는 점과 그동안 음지에 팽개쳐 있던 화가의 아내를 양지로 끌어냈다는 점에서 의미있는 기획이었다.

형에도 어둡다. 그나마 기획아이템이 기발하거나 글발이 뛰어나다면 부족한 지명도를 메울 수 있다. 초보저자는 여러 모로 조건이 불리하다. 그런데도 초보저자를 택했다. 기대하는 만큼의 글이 나오려면 유명저자보다 초보저자가 낫다는 판단에서였다. 집필에 필요한 대부분의 참고자료는 이미 뽑아둔 상태여서 자신감도 있었다. 그리고 생존한 아내들과 인터뷰를 하고 자료조사를 꼼꼼히 하려면 초보자의 열정이 필요했다. 가능성 있는 저자를 발굴한다는 생각도 한몫했다.

마땅한 저자가 없어서 고민하던 차에 〈여성신문〉의 객원기자인 정필주를 소개받았다. 신문은 독자지향적 매체인 만큼 일반인을 상대로 한 글쓰기가 가능할 것이라 생각했다. 전공은 사회학이었지만 여성미술을 주제로 「한국 여성미술가의 여성주의 정체성에 관한 연구」라는 석사논문까지 썼다고 했다. 여성미술가들을 다루되 생존화가의 경우 발품을 팔아 인터뷰를 해서 여성미술가의 사정을 훤히 꿰고 있었다. 미술에 관한 지식이 상식 이상이었다. 호감이 갔다.

저자를 만나 대강의 기획방향을 이야기하고, 집필에서 출간까지의 출판과정을 알려주었다. 화가와 아내의 명단도 제시했다. 전체 원고 매수와 각 꼭지의 원고 매수, 도판, 도판설명, 팁, 저자의 말 등에 대해 상세히 설명했다. 번역서 『화가의 아내』, 가지고 있던 화집과 에세이집, 관련 단행본도 건네주었다.

한 달쯤 뒤 '김환기-김향안' 편의 샘플원고가 도착했다. 제목이 '전방위 예술 CEO'였다. 감각적인 제목에 눈이 번쩍 뜨였다.

'얼쑤, 임자를 만났구나' 싶었다. "김향안이 한국 예술계에서 '튀는' 이유는 크게 두 가지이다." 첫 문장이다. 또 대상을 바라보는 시각이 무척 마음에 들었다. "CEO 김향안의 첫째 과제는 남편의 작품세계를 미술계와 대중에게 제대로 알리는 것이었다." "김향안의 예술 CEO로서의 업무는 글쓰기에 머물지 않았다. 김향안은 단순한 비서가 아닌 글로벌 비전을 지닌 예술 CEO였다."

저자는 김환기를 세계적인 화가로 만들기 위해 동분서주한 김향안의 전방위적인 활동을 조명하되, '환기 미술의 내조자'로만 한정지을 수 없는 그녀의 역동적인 모습(수필가, 화가, 미술경영인)까지 그리고 있었다. 내용 전개도 나무랄 데가 없었다. 글이 순하면서도 힘이 있었다.

"예술과 생활의 경계에 선 여자들은 어떻게 살고 있나?" 저자의 기본적인 시각은 이런 의문에서 시작한다. 석사논문을 쓰기 위해 만난 여성작가들의 결혼과 작업을 지켜보면서 가졌던 생각의 연장선인 듯 보였다. 그래서 "화가의 아내들은 한국 사회가 요구하는 충실한 내조자이기도 했지만 예술과 생활의 틈새에서 쉼 없이 고민하는 한 인간이었다. 그 모양이 어떻든 우리는 그들이 살아냈던 삶 자체에 가치를 부여해야 한다"며, "그들의 고민과 성취와 좌절의 과정을 추적"한다. 저자의 관점은 분명했다. '글발'도 따라줬다. 내가 할 일은 없었다. 큰 틀을 제시하고 단행본에 맞게 몇 마디 첨가하는 것뿐이었다. 결과만 기다리면 되었다. 이런 생각에는 또 다른 이유가 있었다. 저자가 대중적인 글쓰기를 할 만한 인물이라는 판단 때문이다. 분명한 관점을 가졌고 감각적인 글쓰기도 가능했다. 나는 이 작업이 저자 스스로 글쓰기의 가능성을 펼쳐 보이고 단행본 집필의 ABC를 배울 수 있는 기회가 되었으면 했다. 이미 후속 작업을 생각하고 있어서였다. 저자가 석사논문 준비과정에서 접한 여성작가들의 삶과 예술을 통해, 이 땅에서 여성작가로 살아가기의 어려움을 공론화하는 기획이 그것이다.

아내에게 빛이 된 구성 ········ 4월 5일 계약을 했다. 전체 원고가 입고된 것은 8월 31일이었다. 저자는 화가인 남편의 내조자이자 한 사람의 예술가이기도 했던 아내들을 1,2부로 나누었다.

1부는 '화가의 아내이자 예술의 동반자' 편으로 김환기-김향안, 김기창-박래현, 이응노-박인경, 하인두-류민자, 문신-최성숙을 다루었다. "나는 예술의 주변부에 머물렀던 안방마님이자 예술이라는 테두리의 경계에 있었던 화가의 아내들이 수행했던 '다른 일'에 주목했다. 그리고 여기에서 그들이 내조자에 그치지 않고 적극적 예술의 창조자임을 말하고자 했다." 「머리말」

네 아이의 어머니로서 집안일을 하며 장애인인 남편(운보 김기창)의 귀와 입이 되었던 우향 박래현은 아내이기 전에 뛰어난 동양화가로서 예술을 향해 돌진했던 전업화가임을 조명한다. 류민자 역시 생활의 전담자이자 남편(서양화가 하인두)의 작품제작 보조자였고, 암투병 중인 남편을 간호하면서 생명력 넘치는 자기만의 작품세계를 일궜다. 그리고 문신미술관의 관장이자 동양화가인 최성숙은 남편의 작품을 알리기 위해 미술관 운영에 박차를 가했다. 또 문신의 작품으로 반지, 목걸이, 넥타이, 핀 등 아트상품을 만들어 작품 대중화에도 나섰다. 그러면서도 자신의 예술적 인생을 착실히 꾸려가고 있다.

화가의 아내로 산 이들은 2부에 '화가의 그늘에서 찬란한 빛이 되다'로 묶었다. 박수근-김복순, 이중섭-이남덕, 장욱진-이순경, 박길웅-박경란, 양수아-곽옥남이다. 가난한 살림을 도맡아서 박수근의 성공을 뒷바라지했던 김복순은 남편의 작품에서 이상적인 한국의 여인상으로 승화한다. 화가의 꿈을 접고 남편 이중섭을 따라 불우한 시대를 통과했던 이남덕, 작품 외에 다른 일에는 무관심했던 남편(서양화가 장욱진)을 대신해 자식을 건사하고 집안 살림을 꾸렸던 이순경, 요절한 남편(서양화가 박길웅)을 알리기 위해 대학원에서 그의 작품세계를 주제로 논문을 쓰기까지 한 박경란, 빨치산이었던 남편(서양화가 양수아)을 뒷바라지 한 미싱자수의 달인 곽옥남 등의 신산한 삶이 극적으로 이어진다. 화가인 남편들은 아내가 생활을 책임지지 않았다면 그림을 그릴 수도, 지금처럼 알려질 수도 없었다.

생존 중인 아내들의 육성도 주목할 만하다. 저자는 류민자, 최성숙, 이순경, 박경란, 곽옥남을 직접 인터뷰하여, 자료로는 접할 수 없는 화가들의 모습과 아내들의 현재를 알 수 있게 했다. 이런 내용을 관통하는 것은 같은 여성의 입장에서 본 아내들의 삶과 예술이다. 저자는 내조자로서의 삶은 물론, 개인으로서 예술가로서 아내들의 모습을 부각하는 데 힘을 모았다. 본문에서 못다 한 이야기는 팁으로 정리했다.

책의 빛이 된 제목 ········ 제목은 『화가의 아내』를 염두에 두고 지었다. 『화가의 아내』와 같은 성격의 책임을 알리기 위해 '화가'와 '아내'를 키워드로 삼았다. 여기에 다른 단어를 더해서 변화를 주기로 했다. 그래서 나온 제목이 '화가의 빛이 된 아내'다. 표지디자인도 키워드를 중심으로 제목을 정리했다. '화가의'와 '아내'를 크게 키우고, 그 사이에 '빛이 된'을 작게 삽입했다. 얼른 봐서 '화가의 아내'로 읽히게 하기 위해서였다.

부제는 이 책이 '화가의 아내' 한국편임을 알리고, 소개된 아내가 몇 명인지를 드러내는 쪽으로 잡았다. "우리 화가를 키워낸 열 명의 아내 이야기"가 그것. 이 부제는 표지이미지 없이 제목 위주로 책이 소개될 경우를 염두에 둔 것이다.

제목만으로는 알 수 없는 내용을 부제를 통해 구체적으로 알려주자는 취지다.

　뒤표지 헤드카피는 1,2부로 구분된 차례의 특징을 살리는 쪽으로 뽑았다. 화가의 아내들이 내조자이자 예술가임을 알 수 있게끔 "그들은 자상한 엄마이자 아내였고, 뜨거운 예술의 파트너이자 창조자였다!"로 결정했다. 결과적으로『화가의 빛이 된 아내』는 '필요한 기획'이었지 판매에 도움을 준 기획은 아니었다. 그래서 생각해봤다. 만약 유명한 저자를 앞세웠다면 판매율이 조금은 상승곡선을 그렸을까? 그랬을지도 모른다. 그런데도 나는 현재의 저자가 이 책의 적임자라는 생각에는 변함이 없다. 또 내용이 '화가의 연인'이었다면 '화가의 아내'보다는 분명 독자의 관심을 더 받았을 것이다. 달콤한 연애담이 아닌 생활고에 시달린 아내의 쓰린 삶을 지켜볼 독자는 많지 않다. 하지만 '화가의 아내'를 다룬 두 권의 책은 의미 있는 기획이었다. 그동안 음지에 팽개쳐 있던 화가의 아내를 양지로 끌어냈다는 점에서 그렇다.『화가의 빛이 된 아내』는 역량 있는 한 초보저자의 탄생과 더불어 저만치 피어 있다.

3부

아 이 디 어 의 발 견

빈센트가 사랑한 '그 남자'

"'바로 그거다,' 밀레의 〈만종〉, 너무나 훌륭하다. 그것은 시다." 빈센트 반 고흐가 장 프랑수아 밀레의 그림을 모사했다는 것은 익히 알려진 사실이다. 박수근이 밀레의 그림에 감동을 받아 화가가 된 것처럼, 빈센트는 밀레를 사숙하며 화가로 거듭났다.

미술이론서나 빈센트에 관한 책들을 보면, 그가 밀레를 좋아하고 작품을 모사했다는 정도만 언급하고 넘어간다. 그럴 때마다 자세한 내막이 궁금했다. 더욱이 그렇게 언급하면서도 빈센트의 모사작과 밀레의 원화를 제대로 소개한 경우는 좀체 보지 못했다. 어떤 작품을 어떻게 모사했을까, 원화와 모사작에는 어떤 차이가 있을까, 모사작업이 빈센트에게 끼친 영향은 무엇일까, 빈센트에게 밀레는 어떤 존재였을까. 궁금증만 담쟁이넝쿨처럼 자랐다. 『빈센트가 사랑한 밀레』는 이런 궁금증의 결실이다.

구상안과 카탈로그의 출현 ········ 빈센트와 밀레의 관계를 처음부터 한 권의 단행본으로 만들려고 한 것은 아니었다. 애당초 계획은 영향을 주고받은 관계에 있는 선배 화가와 후배 화가를 한 쌍으로 묶어 여러 쌍을 소개하는 것이었다. 그중의 한 쌍이 빈센트와 밀레였다. 대부분의 화가에게는 역할모델이 있다. 특정화가에게 반해서 그의 그림을 모사하다가 결국 자기만의 세계를 구축한 화가가 한둘이 아니다. 빈센트와 밀레, 세잔과 피카소, 호크니와 베이컨, 이중섭과 루오 등이 그들이다. 나는 서로의 영향관계를 중심으로 틈틈이 목록을 만들면서 내용을 구성했다. 판매 면에서도 한 쌍보다는 여러 쌍을 한 권으로 묶는 것이 낫다. 그런 뒤에 자료가 확보되면 작가마다 뽑아서 다시 독립된 단행본을 만들 계획도 세웠다. 대강의 구상안을 잡았지만 내내 묵혀두고 있었다. 출판사를 시작하는 입장에서 다른 일에 치여 본격적으로 진행하지 못한 것이다. 그러다가 국제도서전에 갔던 한 직원이 파리에서 두툼한 화집과 카탈로그를 사왔다. 무엇보다 눈길이 간 것은 1998년 9월부터 1999년 1월까지 파리 오르세 미술관에서 개최된 〈밀레와 반 고흐〉전의 카탈로그였다. 놀라웠다. 이 전시에 관해서는 당시 국내 신문에서 소식을 접한 바 있었다. 여러 명의 글로 구성된 카탈로그는 자료집 성격이 강했다. 빈센트와 밀레의 영향 관계를 보여주는 다수의 작품이 편집되어 있었다. 도판이 흑백과 컬러의 혼용이어서 아쉬웠지만 밀레의 원화와 빈센트의 모사작을 비교해볼 수 있다는 점에서 구미가 당겼다.

신토불이 저자의 조건 ········· 번역서의 편리함을 따를 것인가, 신토불이 집필로 고생을 사서 할 것인가. 카탈로그를 접하고서 두 갈래 길을 한참 쳐다보았다. 비록 카탈로그지만 번역 출간하는 것이 작업하기는 쉽다. 관련 자료를 찾는 번거로움과 편집에 드는 품도 줄일 수 있다. 반면에 자체적으로 기획을 하면, 저자 선정부터 고해상도 도판을 구하는 일까지 번거로운 과정을 일일이 거쳐야 한다. 당장 먹기에는 번역서가 달아보였지만 마음은 이미 국내 저자가 집필하는 쪽으로 기울었다.

첫째, 빈센트와 밀레의 자료와 정보는 모두 노출되어 있다. 관련 자료를 구하기가 쉽지 않다면 작업이 어렵겠지만 기존 자료를 사용하면 된다. 둘째, 도판 저작권 사용료를 걱정하지 않아도 된다. 이 조건은 미술출판을 하는 입장에서는 큰 혹 하나를 떼어놓고 시작하는 것과 마찬가지다. 셋째, 국내에도 유명화가들을 다룰 만한 인적자원이 구비되어 있다. 번역물에 의존할 것이 아니라 우리가 기획출간해서 저작권을 수출하자는 오기가 발동했다.

내가 생각한 저자의 조건은 크게 두 가지였다. 첫째, 빈센트와 밀레의 삶과 예술을 대강 머릿속에 꿰고 있고, 둘째 빈센트의 편지 내용을 구석구석 알아야 한다는 것이다. 빈센트가 밀레나 모사작을 편지에 언급했다면, 그 내용을 적재적소에 활용하여 더 객관적인 입장에서 작품을 설명할 수 있기 때문이다.

이런 조건을 갖춘 '준비된 저자'가 있었다. 당장이라도 집필이 가능한 저자, 빈센트보다 빈센트를 더 잘 알 것 같은 박홍규 교수다. 이미 박 교수의 빈센트 평전인 『내 친구 빈센트』와 현대미술을 역사적, 사회적 상황 속에서 살펴본 『시대와 미술』 등 미술 관련 저작들을 읽어온 입장에서 볼 때, 그만 한 적임자는 없었다. 박 교수와는 번역서(『피카소의 성공과 실패』)와 저작(『총칼을 거두고 평화를 그려라』)을 출간한 인연도 있었다. 그리고 직접 만났을 때 빈센트에 관해 이야기를 나누기도 했다. 심호흡을 하고 이메일을 보냈다. 빈센트가 사랑한 밀레에 관한 책을 기획 중인데 집필을 부탁드린다는 내용이었다. 다음날 바로 답변이 왔다. 좋은 기획이라며 직접 쓰겠다고 했다.

하지만 구체적인 기획안은 보내지 않았다. 박 교수 정도의 전문가라면 전체적인 기획 방향만 알려주는 게 오히려 탄탄한 원고를 받을 수 있기 때문이다. 디테일한 기획안이 방해가 될 수 있었다. 저자와 이야기를 나눈 결과 느낀 점이기도 하다. 이런 생각은 맞아떨어졌다.

서너 달 후 원고와 도판이 도착했다. 예상보다 빨라서 놀랐다. 원고는 나무랄 데가 없었다. 빈센트의 삶과 예술을 이해하는 데 중요한 편지와 참고 자료를 적절히 활용하면서 모사작과 원화를 자세히 비교하고 있었다. 그런 가운데 모방과 창조의 과정, 그림스타일의 변화 등이 선명하게 부각되었다.

저자에게 두 가지 사항을 요청했다. 원고의 앞부분에서 지나치게 두드러진 사적 일화를 부드럽게 수정했으면 하는 의견을 제시하고, 전체 원고분량을 고려하여 팁을 작성해달라고 했다. 며칠 후 팁 원고와 저자가 찍은 빈센트 관련 사진이 도착했다. 세 편의 팁은 「위대한 농민화가 밀레」「시인이 사랑한 빈센트」「빈센트를 보는 눈」이었다. 이들 팁은 제대로 평가받지 못하는 밀레의 삶과 예술을 깊이 있게 재조명하고, 시인들과 철학자의 눈에 비친 빈센트의 모습을 조목조목 파헤쳐 두 화가를 폭넓고 객관적으로 이해할 수 있게 해준다.

빈센트의 지독한 짝사랑 ········ 밀레를 향한 빈센트의 애정공세는 위대한 화가를 키운 세기의 짝사랑이었다. 그것은 일방적이었다. 과연 빈센트는 밀레를 어떻게 사랑했을까? 그는 평생에 걸쳐 밀레의 그림을 모사한다. 자신도 명색이 화가인데 만년까지 다른 작가의 작품을 모사한다는 건 쉽지 않은 일이다. 저자는 여기에 특별한 이유가 있지 않았을까, 의문을 던진다.

예술은 모방에서 비롯된다. 다른 화가의 작품을 모방하면서 화면의 질서와 기법을 터득한다. 그런 과정을 통해 예술에 대한 이해의 폭을 넓히고 자기만의 예술세계를 일궈간다. 빈센트가 밀레의 그림을 모사한 것은 존경하는 화가의 그림을 통해 예술세계로 진입하는 과정이었다. 하지만 그는 그림의 기법만 모사하지 않았다. 기법을 모사하는 것은 누구나 할 수 있다. 빈센트는 한걸음 더 나아가 밀레에게서 예술가로서의 삶까지 배우고자 했다. 밀레는 평생을 노동의 신념 속에 살며 농민의 생활상을 있는 그대로 보여준 '독실한' 농민화가다. 그는 농촌마을 바르비종에서 가난한 농부로 살면서 농촌생활에 주목하고, 자연과 더불어 사는 인간의 삶을 화폭에 담았다. "밀레는 농부들의 음식, 옷, 숙소에 만족해하며, 실제로 그렇게 살았어. 그는 정말이지 다른 어떤 것도 원하지 않았어. 다른 화가들이 본받아야 할 모범을 보인 것이지."1885년 4월 13일의 편지

단순한 기법 수련을 넘어 자연과 인간, 노동자의 현실을 이해하고 사랑한 밀레의 삶까지 배우려 한 것, 빈센트의 위대함은 여기에 있다. 그는 밀레처럼 살려고 탄광촌으로 들어간다. 진정한 의미의 스승과 제자 관계란 "제자가 스스로 자기 스승을 찾아 마음에서 우러나오는 존경과 신뢰로 모방하면서 배우고, 숱한 시행착오를 거치면서 자신의 삶과 예술을 창조하는 경우"일 것이다. 밀레에 대한 빈센트의 자세가 그랬다. 그런데 빈센트는 생전에 밀레를 단 한 번도 만난 적이 없었다. 밀레는 정신적으로 사숙한 스승이었다.

밀레의 작품을 '번역'하다 ········ 빈센트는 밀레의 그림을 원화로 본 적이 없다. 원화를 모사한 흑백의 목판화나 사진을 보고 그렸다. 그리고 자기 마음대로 색칠을 했다. 저자는 이 작업을 '번역'이라 부르고 '색채번역'과 '형태번역'으로 세분화해서 검토한다. 빈센트가 밀레의 그림을 모사할 때 형태를 바꾸기도 하고 색채를 입히기도 했기 때문이다. 이때 번역은 '재창조'의 의미다. 이런 과정을 거치면서

빈센트는 나름대로 화면을 재구성하고 색채를 익혔다.

밀레의 〈정오-낮잠〉(1858)을 예로 들어보자. 빈센트가 본 〈정오-낮잠〉은 1873년 미술잡지에 실린 흑백의 목판화였다. 목판화는 원화와 달리 그림의 좌우가 바뀌어 있었다. 그림을 목판에 새길 때는 원형 그대로 옮기지만 목판을 종이에 찍는 과정에서 좌우가 바뀌기 때문이다. 빈센트는 흑백의 목판화를 보고 형태를 모사한 뒤 상상으로 채색을 했다. 동생 테오에게 보낸 편지에 "색채를 계산하기 위해 고심해서" 그렸다고 적었다. 하지만 원화와는 색채가 다르다. 빈센트의 〈정오-낮잠〉(1889)에서 유난히 눈에 띄는 것은 파란색 하늘이다. 원화는 전체적으로 노란 색조가 화면을 지배한다. 그래서 밀레의 은은한 작품세계와는 다른, 보색대비가 강한 빈센트의 개성이 두드러진다. 빈센트의 격렬한 필치와 눈부신 색채는 이런 '번역' 과정을 거쳐 무르익었다.

그들을 다룬 첫 단행본 ⋯⋯⋯ 빈센트가 실천한 열정적인 사랑의 방식은 저자의 독창적인 해석이기도 하다. 저자는 밀레의 원화와 빈센트의 모사작을 나란히 소개한 뒤, 관련된 편지 내용을 발췌하고 자료를 해석하여 자세한 설명을 달았다. 그들의 삶과 예술세계를 깊이 이해하지 않고서는 불가능한 작업이다. 기획이 한 분야의 전문가를 만났을 때 어떤 시너지 효과를 낳는지 표나게 보여주는 사례다.

그리고 남은 이야기. 표지디자인을 할 때였다. 고민거리가 생겼다. 정해둔 제목이 아트북스가 출간하고 있는 '마이 러브 아트'

시리즈 제목의 키워드였기 때문이다. 『영화가 사랑한 미술』 『영화가 사랑한 사진』 『패션이 사랑한 미술』 등 인접 분야를 넘나들면서 미술을 소개하는 이 시리즈의 키워드는 '사랑한'이다. 그러다 보니 시리즈물이 아닌 책에 '사랑한'을 사용하는 것이 마음에 걸렸다. 다른 제목을 찾아봤지만 이만 한 제목이 없었다. 결국 원래대로 '빈센트가 사랑한 밀레'로 결정했다.

앞표지에는 빈센트의 모사작과 밀레의 원화를 아래위로 어긋나게 배치했다. '빈센트가 사랑한 밀레'라는 제목을 그림을 통해 느낄 수 있게 하기 위해서였다. 뒤표지에는 밀레의 〈씨 뿌리는 사람〉(1850) 원화 1점과 빈센트의 모사작 2점 (1889)을 나란히 배치하고 그 위에 카피를 얹었다. 헤드카피는 그림과 어울리게 의문형으로 작성했다. "빈센트는 왜 밀레의 작품을 다시 그렸는가?" 서브카피는 "반 고흐가 가장 좋아하고 존경한 화가 밀레. 그의 평생에 걸친 길고도 숭고한 사랑!"으로 정해 헤드카피를 부축하게 했다.

원고의 전체 수준은 일반인에게 맞추었지만 주요 독자층은 학생으로 삼았다. 밀레의 예술뿐 아니라 삶까지 배우고자 한 빈센트의 숭고한 태도는 학생들과 각 분야에서 고군분투하는 이들에게 힘이 될 것 같았다. 그래서 저자의 말에서 이 부분을 다시 한 번 강조함으로써 전반적인 색깔을 학생 지향적으로 조율했다. "이 책을 쓰는 이유는 지금 실패한 삶을 산다고 생각하는 사람들에게 용기를 주기 위해서야. 비록 실패한 삶을 살고 있지만, 불꽃처럼, 불나비처럼 열정을 다해 산다면 너처럼 성공하고 승리할 수 있다는 믿음을 주기 위해서야. 특히 좋은 집안이나 선생을 만나지 못해 늘 배움이 부족하다고 생각하는 사람들이 네 태도를 본받았으면 해." 저자도 밝혔듯이 빈센트와 밀레를 주제로 한 단행본은 세계적으로도 유례가 없을 것이다. 외국에서 개최된 두 번의 전시회 카탈로그를 제외하고는 『빈센트가 사랑한 밀레』가 세계 최초의 단행본인 셈이다.

위대한 화가를 키운 세기의 짝사랑. 빈센트는 평생 동안 스승 밀레의 그림을 모사한다.

150

그림으로 쓴 시 같은 러브레터

서 말의 구슬을 어떻게 꿸 것인가? 일반인을 상대로 한 미술책을 기획하는 입장에서 부단히 고민하는 것이 원고의 구성과 디자인을 '어떻게' 할 것인가이다. 같은 내용이라도 편집 방식에 따라 얼마든지 다른 표정을 띨 수 있다. 이때 꺼내는 카드가 독자의 입장에 서 보기다. 미술 전공자가 기획하는 미술책은 일반 독자와 공유하는 교감의 폭이 좁아질 수 있다. 미술에 밝은 본인의 처지를 망각한 채, 전문적인 미술용어를 공유하는 미술인을 독자층으로 삼을 가능성이 높다. 하지만 독자의 취향을 바탕으로 기획을 하면 최소한 '본전'은 건질 가능성이 있다.

독자의 입장에 서기란 말처럼 쉽지 않다. 글을 쓰다보면 저자는 자신도 모르게 학구적으로 나아간다. 이때 필요한 사람이 저자 대신 독자의 입장에서 원고를 읽고 방향을 잡아주는 기획·편집자다. 그들은 타깃 독자층에 맞는 글쓰기 방법을 강구해준다.

러브레터에 미술을 먹이다 ……… '러브레터' 형식으로 미술이야기를 하면 어떨까. 사랑하는 연인에게 편지를 쓰듯이 미술이야기를 들려준다면 호응이 있지 않을까. 사랑의 감정을 적절히 활용한다면 미술과 독자의 거리를 좁힐 수 있지 않을까. 『그림으로 쓰는 러브레터』는 이런 생각의 산물이다. 독자에게 익숙한 '러브레터'와 '그림'을 꿰어서 미술에 접근하는 색다른 통로를 만든 것이다. 단기간에 기대했던 만큼의 판매 성과는 올리지 못했지만 다행히 재판을 찍었다.

이 책은 "연애를 시작할 때부터 사랑을 키우고 갈등을 겪고 원숙한 사랑을 이룰 때까지, 그림을 통해서 연인에게 마음을 전하는 편지 형식의 조형적 고백이자 색다른 그림이야기"다. 모네, 몬드리안, 고갱, 클레, 클림트, 실레, 마티스, 뭉크, 프리다 칼로, 샤갈, 모딜리아니, 헤링, 야블렌스키, 칸딘스키, 마그리트, 쇠라, 폴록, 호크니, 말레비치, 로스코, 루소 등 세계적인 화가들의 그림을 풍부하게 소개한다. 저자는 "그림이 삶 속에 스며들기를 바라는 마음"에서 "우리의 복잡다단한 일상만큼이나 많은 양식의 작품을, 기왕이면 뚜렷한 논의의 지점을 제공하는 현대미술의 쟁점에 놓인 작가를, 또 이미 눈에 익은 작품이 아니라 낯설지만 새로운 작품을 담으려"「여는 글」애를 썼다고 말한다.

'등잔 밑'에서 저자를 만나다 ········· 기획은 저자와 궁합이 맞아야 한다. 아무리 찬란한 기획거리가 있더라도 저자가 없으면 기획은 육신을 얻을 수가 없다. 수많은 기획거리가 메모 형식으로 쌓여가는 것도 마땅한 저자를 만나지 못해서다. 집필은 사람이 하는 일이어서, 예상했던 저자가 기획안에 공감하지 못하거나 시간이 맞지 않으면 '백마 타고 올 초인' 같은 저자를 찾아 길을 떠나는 수밖에 없다. 어떤 기획이든 뜻밖의 저자는 나타나기 마련이다. 찾지 못하고 만나지 못했을 뿐이다.

이 기획도 한동안 수첩 속에서 잠자고 있었다. 그런데 저자는

'등잔 밑'에 살고 있었다. 그것도 아트북스에서 출간한『내 사랑 미술관』의 '주인'이었다. 이 책은 에세이 식으로 접근한 전국의 미술관 답사기다.『내 사랑 미술관』원고를 검토하는 틈틈이『그림으로 쓰는 러브레터』집필이 가능할지 여부를 살펴보았다. 어디선가 본 저자의 약력 때문이다. 저자는 학부시절 대학 문학상에 입상한 경력이 있었다. 그런 탓인지 몰라도 저자가 쓴 미술 관련 글들은 경직되어 있지 않고 부드러웠다. 망설일 필요가 없었다. 미술도 잘 알고 문학적인 글쓰기도 가능한 사람을 곁에서 찾은 것이다.『내 사랑 미술관』을 담당한 편집자와 기획안을 공유하고 저자에게 연락을 취했다. 저자가 햇병아리 신혼이라는 점에서 더욱 호감이 생겼다. 사랑하는 사람을 향한 애틋한 감정이 싱싱하게 살아 있을 때였다. 이렇게 저자와 조건이 잘 맞기도 흔치 않을 것이다. 운명적이라는 생각이 들었다.

왜 러브레터이고 시 형식인가 ……… 편지의 독자는 개인이다. 편지는 발신자와 수신자가 1:1 구조를 취한다. 이런 구조를 단행본 작업에 도입하면 독자는 책을 읽는 순간 유일한 수신자가 된다. 사랑하는 사람에게 러브레터를 받는 심정이 되는 것이다. 단행본은 불특정 다수보다 타깃 독자층의 한 개인을 염두에 두고 쓸 때 더 효과적으로 주제를 부각할 수 있다.

　오늘날 편지는 구닥다리 취급을 받는다. 이메일과 휴대전화 문자기능이 일반화하면서 편지의 입지가 좁아졌다. 그나마 '러브레터'라는 말로 근근이 목숨을 부지하고 있다. 그렇다면 원고 스타일은 어떠해야 할까. 편지의 사적인 형식을 빌리되 이메일과 문자 전송에 익숙한 독자에게 어필할 수 있는 스타일이어야 할 것이다. 그런 독자가 읽고 쓰는 인터넷 상의 글은 구어체의 감각적인 문장, 토막난 문장, 짧은 분량 따위가 특징이다. 그렇다면 답은 명백하다. 러브레터 형식이되 원고를 적절히 토막 내고 행갈이를 할 필요가 있었다.

그 결과 도착한 원고는 마치 시詩 같았다. 일정한 행갈이와 연 구분을 한 듯 보였다. 언뜻 보기에 시 같지만 시는 아니다. 시 형식을 빌렸을 뿐 원고의 성격이 다르다. 행갈이와 연 나누기로 내용의 호흡과 리듬을 조정했지만, 시처럼 의미의 비약을 시도하지 않았다. 내용 전달이 우선인 만큼 행갈이와 행 비우기로 가독성을 높였을 뿐이다. 그렇다고 행갈이가 기계적인 것은 아니다. 흐를 데는 흘러가고 쉴 곳에서는 쉬었다. 시 흉내 내기 이상이란 뜻이다.

'디에고와의 만남은 나의 두 번째 사고' 라고
프리다가 말했듯이
내게도 당신을 만난 건 사고였습니다.
(중략)

세상에 벌어지는 모든 일은 당신 때문이었습니다.
나를 이리저리 뒤흔드는 당신.

내 몸에 무자비한 화살을 꽂는 당신.
당신은 나의 디에고.
나는 당신의 프리다입니다.

여성화가 프리다 칼로의 〈다친 사슴〉과 관련된 글「다친 사슴」이다. 프리다 칼로와 연인인 디에고 리베라의 애정관계를 바탕으로 애틋한 사랑의 감정을 피력하고 있다. 러브레터의 장점과 시의 장점을 적절히 섞어서 미술에 대한 주목성을 높였다.

같은 피가 통하는 본문, 팁, 부록 ········ 전체 구성과 내용은 저자에게 일임했다. 저자의 내밀한 감정이 어느 정도 뒷받침되느냐가 성공의 관건인 만큼, 마음이 가는 그림을 저자 스스로 고를 필요가 있었다. 이미 책을 한 권 만들어봤기에 대강의 기획의도와 방향, 단행본의 조건 따위만 공유했다. 샘플 원고는 기대 이상이었다. 세세한 감정의 결이 선명했다. 사랑을 해본 사람만이 느낄 수 있는 표현이 가득했다. 러브레터의 수신자가 부러울 정도였다. 저자는 한 장의 그림을 보더라도 그것에서 우러나는 감정과 애정이 맞닿아 있는 지점을 찾고, 그 그림을 어떻게 느껴야 할지, 어떤 의미가 있는지 등을 담백하게 풀어놓았다.

늘 같은 풍경이지만 햇빛이 달라지면 하늘도 변하지.
인상파 화가들이 그랬다더라.
변화무상한 빛과 그로 인해 새롭게 열리는
세상의 모든 순간을 담고 싶다고.
그래서 매일 같은 곳에서
다른 풍경을 그토록 많이 남겼다고.

당신을 보고 있으면 나도 그 마음을 알 것 같아.
나는 당신의 지난 풍경보다
우리가 함께할 날,
다르면서도 늘 평등하게 닿을 햇살이 더 궁금해.
저 수많은 날의 수없이 다른 풍경을 보듯
매일매일 새로울 당신 모습이, 또 우리의 모습이,
우리가 함께 나눌 그 햇빛의 찬란함이
나를 들뜨게 해.

'빛의 화가' 모네의 〈채링 크로스 다리〉를 주제로 쓴 글「함께 보는 풍경」이다. 더

러브레터 형식으로 미술이야기를 하면 어떨까.
사랑하는 연인에게 편지를 쓰듯이 미술이야기를
들려준다면 호응이 있지 않을까. 『그림으로 쓰는
러브레터』는 이런 생각의 산물이다.

할 것도 뺄 것도 없었다. 연애 감정이 웃돌고 미술
정보가 약할 때 미술정보를 좀더 드러낼 것만을 주
문했다. 이 기획은 일방적인 연애 감정을 노출하기
보다 러브레터와 시 형식을 통해 미술정보를 전달
하는 데 무게가 실려 있다. 반대로 미술정보가 두
드러질 때는 농도를 묽게 해줄 것을 부탁했다. 저
자가 자기 전문 분야가 아닌 스타일로 글을 쓸 때,
흔히 간과하기 쉬운 점에 대해서도 환기시켰다.

저자의 글이 미술계 안쪽에서는 특이해보일
수 있다. 미술평론가가 그림을 소재로 쓴 시 형식
의 러브레터인 만큼 미술계에서는 누구도 시도해
보지 않은 글쓰기인 까닭이다. 하지만 책이 배포
되는 곳은 미술전문서점이 아니라 일반서점이다.
이 말은 책이 출간되는 즉시 시 형식의 책이나 시
집과 경쟁 관계에 놓인다는 뜻이다. 미술계 '안쪽'
에서는 특이했던 글이 '바깥'으로 나가자마자 경쟁
력을 잃고 뒤쳐질 가능성이 있다. 그런 만큼 원고
의 질이 미술계 바깥의 책들과 견주어도 손색이 없
어야 한다. 이런 점을 담당편집자에게도 주지시켰
다. 이 점만 고려한다면 한번 해볼 만했다.

때가 되면 꽃이 피고 열매가 맺듯이 일정한 기
간이 지나자 원고가 도착했다. 도착한 원고는 저
자의 러브레터 모음 같았다. 그림과 글이 자연스

럽게 어우러졌다. 내용은 3부로 구성되었다.

1장은 연애 초기의 이야기다. 사랑하는 사람을 간절히 그리워하는 마음의 풍경화다. 여기에 동행하는 그림은 모네의 〈채링 크로스 다리〉 연작, 몬드리안의 〈꽃이 핀 사과나무〉 외 2점, 해링의 〈글로리 홀〉, 야블렌스키의 〈명상〉, 클림트의 〈웅크린 여인의 모습〉, 칸딘스키의 〈무제〉, 모딜리아니의 〈레오폴드 츠보로프스키의 초상〉이다.

2장은 이별을 반복하며 갈등을 겪을 시기의 이야기다. 마그리트의 〈청강실 I〉, 쇠라의 〈상류에서 본 크로투아 풍경〉, 칼로의 〈다친 사슴〉, 폴록의 〈라벤더 안개 Number 1, 1950〉, 샤갈의 〈도시 위로〉, 호크니의 〈예술가의 초상〉, 말레비치의 〈흰색 위의 흰색〉 등이 절묘하게 어우러져 있다.

3장은 갈등을 겪은 후 찾아드는 원숙한 사랑 이야기다. 뭉크의 「키스」, 로스코의 〈가벼운 지구와 푸른 색〉, 고갱의 〈해변의 기수〉, 클레의 〈창조자〉, 실레의 〈죽음과 소녀〉, 마티스의 〈이집트풍의 커튼이 있는 실내〉, 루소의 〈채석장〉 등이 글에 안정감을 더한다.

각 원고의 끝에는 팁을 더해 편지의 추신 같은 역할을 하게 했다. 팁은 또 하나의 읽을거리로서, 그림과 관련된 에피소드를 담았다. 짧지만 깊은 맛이 났다. 그리고 부록으로 「편지 속 화가들과 연애하다」를 붙였다. 독자들이 화가를 모를 수 있으므로 화가에 대한 정보를 제공할 필요가 있었다. 저자는 화가의 약력에 정보 위주의 딱딱한 글쓰기가 아니라 작가의 신상에서 작품세계까지 알차게 담았다. 미술의 이해를 높이는 책 속의 책으로도 손색이 없었다.

사랑의 감정을 시각화하다 ········· 본문, 팁, 부록의 일관된 글쓰기는 본문디자인으로도 구현했다. 사랑의 감정을 시각화하기 위해서였다. 판면과 서체 크기를

158

조절하고 도판 배치에 각별히 신경을 썼다. 판형도 마찬가지다. 들고 다니기 좋고 선물하기도 좋고, 곁에 두는 것만으로도 따스할 '시집 판형'으로 갔다. 이 과정에서 편집자와 디자이너의 역할이 얼마나 중요한지 실감할 수 있었다. 원고에 대한 분명한 이해를 바탕으로 할 때 작품 같은 본문디자인이 나오게 된다. 그림 배치도 여운이 남도록 처리했다. 여백도 의미가 살아 숨쉬는 생성의 공간으로 거듭났다. 디자이너의 역량이 발휘된 탓이다. 시각적인 본문 디자인은 순전히 디자이너의 솜씨였다. 러브레터와 어울리게 표지와 면지는 분홍색 계열로 했다.

본문 바탕색들도 편안한 느낌의 색조를 선택했다. 제목 중 '러브레터'는 손글씨로 아기자기한 맛을 살렸고 양장본으로 만들어 고급스러움을 가미했다. 독자가 책을 접하면서 기분 좋은 감정을 가질 수 있게 말이다. 책은 온몸으로 체험하는 물건이기 때문이다.

당신의 얼굴

그렇게까지 열을 올릴 일은 아니었습니다.
당신에게 투정을 좀 부리고 싶었던 거죠.
살다보면 그만그만한 억울함쯤 생기게 마련이고
나는 그 울컥거림을 혼자 무던히 넘기지 못해,
예전 같으면 그냥 침대에 숨어 잠을 자거나
그 동안 보지 못했던 비디오를 쌓아두고 보면
충분히 풀릴 만한 일이던 것을,
부러 응석을 떨었던 거지요.
엄살이지요.

그런데 당신의 반응이 참 의외였습니다.
나보다 더 많이 화를 내면서
당장이라도 쫓아가 한마디 해줄 기세로
무서우리만치 성난 얼굴을 보였지요.
당신을 만나고 몇 달 만에
처음 보는 얼굴이었습니다.
지나는 길에 만났더라면
자칫 지나쳐버릴 만큼 낯선 표정이었습니다.

당신을 알고부터
시간이 흘러
나는 당신의 수많은 얼굴을 보게 됩니다.
웃는 얼굴, 시무룩한 얼굴,
졸리는 얼굴, 피곤한 얼굴,
흐뭇한 얼굴, 갈망하는 얼굴.

때 로 는 무 표 정 하 고

때 로 는 사 색 에 잠 겨 있 기 도 하 지 요.

매일매일

얼마나 다른 표정이

우리 얼굴에 깃들어 있는 걸까요.

마음이 무늬를 바꿀 때마다

다른 그 어떤 곳이 아니라

서로의 눈으로 가장 먼저 알아볼 수 있는

얼굴이 변한다는 건

참 신기한 일이지요.

나는 지금까지

당신의 얼굴을 얼마나 많이 보았을까요.

혹시라도 감당해내기 힘든 얼굴이 있는 건 아닐까

조금 겁이 나기도 하지만,

그 또한 내가

또 누구보다 당신이

딛고 넘어가야 할 산이라는 걸 알고 있습니다.

※※ 야블렌스키, 「큰 명상」, 마분지 위에 붙인 캔버스에 유채, 24.5×18.5cm, 1936

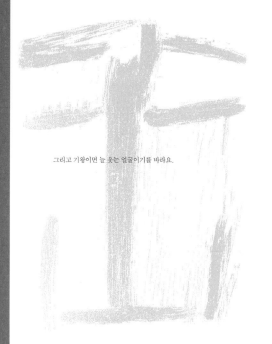

그리고 기왕이면 늘 웃는 얼굴이기를 바라요.

러시아에서 태어난 야블렌스키가 화려한 색채의 그림을 칩고 다양한 얼굴을 그
리기 시작한 것은 연인이었던 엠마 갈카 사이어를 만난 후부터였습니다. 그는
그녀에게 '갈카' 라는 애칭을 선물했지요. 러시아어로 '갈카' 는 '새'를 뜻합니
다. 그 새가 멀리 날아가기라도 할까, 1917년부터 시작된 그의 두상 연작에는 그
녀의 웃는 얼굴, 화난 얼굴, 새침한 얼굴이 그 어느 것 하나라도 놓치지 않겠다
는 외지처럼 남았습니다. 그렇게 그리다보니, 어느 순간 그 얼굴은 영상이 되고
종교가 되었습니다.

당신의 얼굴을 하나히 마음에 담으면, 어느 날 당신도 나의 종교가 되어주실
까요? 무엇이든 딛고 일어설 의자가 되어주실까요?

인간을 정독하는 저자의 발견

나는 '그'를 생각하면 화가 이쾌대가 떠오른다. 월북화가였던 이쾌대는 오랫동안 잊힌 존재였다. 1987년 해금과 더불어 우리 앞에 불쑥 나타난 그는 등장하자마자 한국 근대미술사에 한 획을 긋는 묵직한 존재가 되었다. 일찍이 우리 미술이 경험해보지 못한 힘찬 조형언어는 장관이었다. 그중에서도 35인의 남녀가 스펙터클하게 조형된 〈군상IV〉는 광복의 기쁨과 건국의 열기로 달아오른 격동기를 고스란히 보여주는 걸작이다.

　'그' 역시 저자로서 불쑥 등장했다. 2006년이었다. 긴 호흡과 탄탄한 글발로 추수적인 가벼운 글과 짧은 호흡이 대세인 국내 미술출판에 경종을 울리는 듯했다. 마치 해방공간의 감격을 포착한 〈군상IV〉를 보는 듯한 전율이 일었다. '그'로 인해 우리도 작품 한 점을 읽기 위해 440매의 글을 써내는 저자를 갖게 된 것이다. '그'는 두툼한 『그림정독』의 저자 '박제'다. 그에 관해서는 알려진 바가 없다. 이름도 필명이다. 약력에도 자신의 존재를 드러내지 않는다. 이한수 기자는 이 책을 2007년 11월 '이달의 책'(한국출판인회의)으로 선정하면서 이렇게 적었다.

　" '박제'라는 저자 이름은 처음 듣는다. '박제가 된 천재'를 의식한 필명인지도 모르겠다. (중략) 그는 "자신의 본질과 사회가 정한 틀 사이의 괴리에서 오는 모순도 겪었"고, "그 아픔을 극복하는데 생각보다도 오랜 시간이 필요했고, 새로운 시작을 찾아 한국을 떠났다." 그는 "독일 땅을 떠나 프랑스에서" 미술공부를 했고, "예술이라는 길에 들어서다 보니 해야 할 공부가 갈수록 많아져" 지금까지 파리에서 미술공부를 하고 있다."

불쑥 등장한 거대한 사유의 세계 ········ 꿩 대신 닭이라고 하지만, '박제'는 닭이었다가 꿩이 된 저자다. 2006년 7월경 프랑스에 사는 한 시인이 귀국하는 길에 자신의 원고를 가져왔다. 프랑스에서 쓴 시사적인 글이었다. 도판까지 넣어 편집한 두 권 분량의 원고를 출간하고 싶은데 가능성이 있는지 검토해달라고 했다. 그러면서 또 하나의 원고를 내놓았다. 제목이 '박제의 그림이야기'였다. 프랑스에 사는 아는 '형님'의 글인데 '물건'이 될지 살펴봐달라고 했다. 원고가 길어서 국내 출판 분위기와 어울릴지 모르겠지만 출판을 하는 입장에서 솔직한 견해를 부탁한다는 말도 덧붙였다.

결과는 꿩보다 닭이 좋았다. 시인의 원고도 나쁘지 않았으나 미술을 전문으로 하는 아트북스와 출판 방향이 맞지 않았다. 반면 '형님'의 원고는 '물건'이었다. '한 점의 작품 속에 이렇게 많은 이야기가 숨어 있다니!' 원고를 검토하는 내내 감탄을 연발했다. 저자는 여섯 점의 작품을 거시적 시각과 미시적 시각으로 정밀하게 읽어냈다. 작품에 대한 시시콜콜한 감상을 나열하는 대신 여섯 점의 작품을 다양한 각도에서 해부해 인간과 세상을 들여다보고 있었다. 피트러 브뤼헐의 〈이카로스의 추락〉, 장 푸케의 〈물룅의 두 폭 그림〉, 폴 고갱의 〈마나오 투파파우〉, 로히어르 판 데르 베이던의 〈최후의 심판〉, 카스파 다비트 프리드리히의 〈아침 해를 맞이하는 여인〉, 조반니 도메니코 티에폴로의 〈신세계〉가 그것. 최소 135매부터 최대 440매까지, 장문의 원고를 관통하는 사유의 힘이 강

철 같았다. 신화와 종교, 철학, 미술사를 종횡무진
넘나들며 작품을 정독하는 힘이 보통이 아니었다.

한 점의 작품에서 시작한 이야기는 화가의 존
재와 작품을 낳은 시대상황까지 폭넓게 번져갔다.
게다가 같은 주제가 담긴 다른 화가의 작품뿐 아니
라 작품의 세부를 세밀화 그리듯 꼼꼼하게 추적해
갔다. 그런 가운데 작품에 저장된 놀라운 세계가
모습을 드러냈다. 저자에게 '그림읽기'는 단순한
지적 호기심의 표현이 아니라 자기존재에 대한 각
성이자 인간과 세계에 대한 도저한 깨달음의 여정
인 것 같았다.

저자가 어떤 사람일지 궁금했다. 미술사를 전
공한 것도 아니면서 어떻게 이렇게 치밀한 글을 쓸
수 있었을까? 그림 읽기는 단순한 호기심의 표현
일까, 지속적인 관심사일까? 작가로서 미술 작업
과 이론적인 탐구를 어떻게 병행할 수 있었을까?
만나본 적이 없으므로 알 수는 없었지만 매우 진지
하고 생각이 깊은 인물인 듯했다.

원고를 검토할 때 호기심을 자극한 것은 '작가
가 쓴 그림이야기'라는 점이었다. 실제 작업을 하
는 작가가 이론으로 무장한 글을 썼다는 사실만으
로도 군침이 돌았다. 하지만 원고 검토에 주의를
기울였다. 경험에 따르면, 미술동네 '작가'들의 원

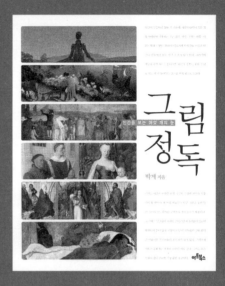

'한 점의 작품 속에 이렇게 많은 이야기가 숨어
있다니!' 원고를 검토하는 내내 감탄을 연발했
다. 저자는 여섯 점의 작품을 거시적 시각과 미시
적 시각으로 정밀하게 읽어냈다.

고는 타협을 모르는 주관성 때문에 대중용으로는 부적합했다. 독자에 대한 배려가 약한 화가들의 '무대뽀'식 글쓰기는 독자에게 반감을 사는 경우가 많았다. 그런데 이 저자에겐 '무대뽀' 정신이 없었다. 독자와 오래 소통해온 '전문 글쟁이' 같았다.

6편의 그림과 1,400여 매의 원고 ········ 8월에 저자에게 이메일을 보냈다. 벅찬 소감과 더불어 출간하고 싶다는 의사를 전했다. 출간 조건(인세, 선불금 등)과 단행본을 만드는 과정, 필요한 사항들을 자세히 적고 몇 가지 요구사항을 덧붙였다. 첫째, 본문에 소제목을 더 많이 넣어달라고 했다. 원고에는 소제목들의 간격이 너무 벌어져 있었다. 소제목 간격이 지나치게 벌어지면 독자가 지루해할 수 있다. 내용을 압축하고 독자의 호기심을 자극하는, 소제목의 기능과 역할에 대해 설명했다. 둘째, 독자 입장에서 원고를 검토해달라고 했다. 지금까지는 저자의 처지에서 원고를 썼지만 이제는 독자의 입장에서 원고를 다시 한 번 검토하고, 자세한 설명이 필요한 대목이 있으면 수정 보완해달라고 했다. 셋째, 원고에 언급된 작품도판을 보내달라고 했다. 우리가 구할 수 있는 도판은 이곳에서 해결하겠다는 말도 전했다.

며칠 후 수정 원고가 도착했다. 한결 나았다. 문제는 도판이었다. 저자가 참조한 도판은 인터넷에서 찾은 것이 많아서 인쇄용으로 사용하기에는 용량이 턱없이 부족했다. 사용불가를 통보했더니 저자는 도서관에 가서 찍거나 책을 구해서 촬영하여 보내겠다고 했다. 그렇게 해서 도판들이 담긴 CD가 도착했다.

1,400여 매에 달하는 원고 분량도 문제였다. 일반적인 미술 단행본 기준으로 보면 두 권 분량이었다. 저자는 가능하면 한 권으로 만들고 싶어했다. 고민거리가 아닐 수 없었다. 원고를 두 권으로 분리할 것인지 한 권으로 할 것인지 결정을 내려야 했다. 한 권으로 만들기에는 책이 너무 두껍고 두 권으로 만들기에는 저자의 의도가 틀어질 수 있었다. 또 너무 두꺼우면 독자에게 심적인 부담을 주어 판매에 부정적일 수도 있었다. 그래서 두 권으로 만들되 같은 성격의 책임을 알아볼 수 있게 시리즈 명 같은 장치를 하고, 표지디자인은 서로 다르게 하는 쪽으로 방향을 잡았다. 하지만 개운치 않았다. 담당편집자에게 원고와 도판을 넘기면서도 찜찜했다.

원고를 분리하느냐 통합하느냐 ·········『그림정독』을 한 권으로 출간하기로 결정한 데에는 저자와 담당편집자의 의견이 크게 작용했다. 2006년 12월에 잠시 귀국한 저자를 만났다. 50대 초반의 군살 없는 체형에 진지한 '사색형'이었다. 한국을 떠난 지 25년이 되었다고 했다. 함께 신화, 철학, 인생이 녹아 있는 미술의 매력에 관해 이야기했다.

저자는 미술을 조형적인 문제에 국한해서 보기보다 그 속에 깃든 인간과 세계의 비전을 중심으로 보는 듯했다. "인간이 만들어낸 많은 것 가운데, 예술만큼이나 모든 것을 한꺼번에 아우르는 것은 없다. 역사, 신화, 과학, 사회, 경제, 자연, 종교에 이르기까지 인간을 만들고 인간이 만들어낸 모든 것이 그 속에 담겨 있다. 그러기에 예술 속에 들어서면, 자신이 서 있는 곳과 그 삶을 아는 데 꼭 들어맞는 열쇠를 찾게 될지도 모른다"는 말도 했다.

오후의 햇살이 금방 식었다. 저녁식사를 하면서도 이야기는 계속되었다. 만나기 잘했다는 생각이 들었다. 저자를 만나면 책 편집에 밀도가 생긴다. 저자의 체취까지 시각적으로 구현하고 싶은 욕구가 발길질을 했다. 다시 저자를 만났을 때, 대화는 원고 분리와 통합 문제에 집중되었다. 나는 독자의 심리를 앞세우며 통합은 곤란하다고 한 반면, 저자는 일관되게 한 권으로 하자고 했다. 의견은 쉽게 좁혀지지 않았다. 다시 한 번 고민해보겠다는 여지를 남기고 헤어졌다.

담당편집자의 의견을 들어보았다. 그 역시 통합 쪽이었다. 원고량이 많기는 하지만 두 권보다 한 권으로 가는 것이 좋겠다고 했다. 저자가 원고를 일정한 의도로 배열했는데 두 권으로 나누면 원고에 상해를 입힐 수도 있고, 분권을 하면 둘째 권은 판매량이 현저히 떨어질 가능성이 크다는 이유였다. 나는 담당편집자의 의견을 따랐다. 돌이켜보면 한 권으로 편집하기 잘했다고 생각한다. 각 원고가 서너 쪽 분량으로 읽기에 적당했다면 두 권이어도 짜임새가 있었을 것이다. 그런데 지금처럼 한 편의 원고가 평균 230매씩 된다면 마치 논문 세 편을 모은 두 권짜리 논문집 같아서 독자는 부담스러웠을 것이다.

이 책을 출간한 이유 ········ 미술출판에서, 더욱이 대중친화적인 책을 기획하고 출간하는 입장에서 만만찮은 분량의 학구적인 원고를 출간하는 것은 모험에 가깝다. 판매가 확실하게 보장된 원고도 아니어서 부담스러울 수밖에 없다. 하지만 부담스럽더라도 모험에 나서고 싶었다. 학술도서로 선정되면 최소한 초판은 소화할 수 있다. 시장에서의 타율이 저조하면 제작 손실분을 다른 책으로 보충하면 되고, 저자와의 지속적인 작업을 통해 수익을 내면 된다는 생각까지 했다. 그만큼 욕심이 났다. 저자가 일정하게 지명도를 얻기까지 그 기간을 견뎌야 하는 어려움이 있지만 말이다.

　하지만 이 원고를 출간한 직접적인 이유는 따로 있었다. 첫째, 국내 미술출판계에 호흡이 긴 글을 소개하고 싶은 마음이 컸다. 긴 호흡의 글을 통해서 단편적인 글이 중심인 미술 단행본 출판의 분위기를 쇄신하고 싶었다. 긴 글을 원하는 독자층이 생겼다는 판단도 한몫했다. 둘째, 무엇보다 저자를 국내 독자에게 소개하고 싶었다. 이런 거대한 사유의 세계가 있다는 사실과 감동을 독자와 공유하고 싶었다. 그리하여 저자가 계속 집필할 수 있는 터전을 닦아주고 싶었다. 이 책은 저자가 쓰고 싶은 '그림이야기'의 극히 일부였다.

　'그림정독'이라는 제목은 표지디자인에 들어가기 전에 결정됐다. 여섯 편의 긴 원고를 하나로 묶을 수 있는 제목으로 뽑았다. 그림을 자세히 읽는다는 의미에서 '그림＋정독'으로 지었다. 기억의 편리성도 고려했다. 그리고 담당편집자가 뽑은 문안을 바탕으로 '인간'을 내세워 부제 "인간을 보는 여섯 개의 눈"과 "그림으로 만나는 인간의 모든 것!"이라는 뒤표지 문안을 만들었다. 인간의 한계, 비밀, 두려움, 선악, 밝음, 그늘로 여섯 점의 작품 읽기가 이뤄질 수 있게 말이다.

　앞에서 인용한 이한수 기자의 글은 이렇게 끝맺는다. "한 사람의 작품을 통해 점점 외연을 넓혀가며 서술하는 저자의 그림 정독은 잘 읽히는 문체와 어울려 초심자도 쉽게 읽을 수 있도록 안내한다. 인문학적 깊이를 가지고 그림 속에서 인간의 삶을 이야기하는 인문교양서로서 손색이 없는 책이다."

유명한 저자의 힘

아트북스에서 가장 많이 팔린 책 두 권을 꼽자면 단연코 '스타 저자'들의 책이다. 월간 〈페이퍼〉 편집장 황경신의 『그림 같은 세상』과 『진중권의 현대미학강의』가 그것이다. 2010년 2월 현재 『그림 같은 세상』은 16쇄를 찍었고, 『진중권의 현대미학강의』는 17쇄를 찍었다. 아트북스의 스테디셀러들이다. 이들 책은 인지도 높은 저자와 작업하는 것이 얼마나 큰 성과로 귀결되는지 보여준다.

스타 저자의 파워 ········ 미술 관련 '저자 풀'을 넓히겠다는 생각으로 초보저자들과 작업을 하면서 느끼는 아쉬움이 하나 있다. '흥행'과 연결되는 경우가 드물다는 점이다. 저자의 가능성까지 고려한 첫 책은 크게 보면 인지도를 높여가는 과정이자 큰 성과를 내기 위한 투자이기도 하다. 그렇게 해서 쌓은 인지도를 바탕으로 다음 책을 내야 조금 더 안정적인 판매를 기대할 수 있다. 동일한 기획안이라도 스타급 저자와 작업을 하면 판매율이 훨씬 높을 것이다. 그런데 판매에 대한 부담을 뺀다면 프로보다는 초보와 작업하는 것이 더 보람있다. 함께 공부하며 책을 만드는 과정에서 뿌듯한 만족감이 생기기 때문이다.

　『그림 같은 세상』과 『진중권의 현대미학강의』는 평소 관심 있게 읽어온 그들의 글과 연재물에서 비롯되었다. 황경신의 경우 〈페이퍼〉에 쓴 미술 관련 글들을 눈여겨봐왔는데 그것이 『그림 같은 세상』으로 귀결되었다. 이 책은 "스물두 명의 화가와 스물두 개의 추억"에 얽힌 그림이 계절별로 분류되어 있다. 반면에 진중권의 책은 월간 〈우리교육〉에 연재된 「진중권의 미학 에세이」가 계기가 되었다. 총 10회에 걸친 연재물을 탐독하다 출간제의를 하기 위해 접촉한 결과 『진중권의 현대미학강의』가 나왔다. 「진중권의 미학 에세이」는 탈근대의 관점에서 서양 미학사를 다시 읽은 것으로 미학에 관한 딱딱한 담론이 아니라 미학을 주제로 한 가벼운 에세이에 가깝다. 그에 비해 『진중권의 현대미학강의』는 발터 벤야민부터 장 보드리야르까지 현대미학의 난해한 개념들을 일목요연하게 소개하지만 다소 무거운 느낌이 든다.

새로운 기회 ········· 「진중권의 미학 에세이」는 선수를 빼앗겼다. 이미 다른 출판사와 계약이 되어 있었다. 이 에세이는 2003년 5월 『앙겔루스 노부스』아웃사이더라는 제목으로 출간되었다. 물 건너간 원고인 셈이다. 그런데 다시 기회가 생겼다. 가나아트센터에서 일반인을 상대로 한 미술강좌 프로그램에 진중권이 포함되어 있었다. 벤야민, 보드리야르, 들뢰즈 등의 철학이 강좌 내용이었다. 대중적이지 않은 점이 마음에 걸렸지만 꿩 대신 닭이었다. 「진중권의 미학 에세이」 건으로 접촉한 뒤여서, 전담 편집자에게 그 강좌를 토대로 진중권과 만나게 했다. 결과는 '오케이'였다. 문을 두드렸더니 열린 격이다. 강좌가 끝나면 강좌 내용을 단행본으로 출간하기로 계약했다. 나중에 저자는 이 "책을 위한 작업은 4년 전에 시작한 것"이라고 밝혔다. 프로포즈 타이밍이 절묘했다. 그로부터 1년 6개월여 만에 원고가 입고되었다. 차례는 다음과 같이 구성되어 있었다. '발터 벤야민: 알레고리와 멜랑콜리' '마르틴 하이데

거: 진리의 신전 테오도르' '아도르노: 진리, 가상, 화해' '자크 데리다: 회화 속의 진리' '미셸 푸코: 위계 없는 차이의 향연' '질 들뢰즈: 감각의 논리' '장-프랑수아 리오타르: 형언할 수 없는 숭고함' '장 보드리야르: 스캔들이 말하는 것'.

제목에서 알 수 있듯 내용이 묵직했다. 『미학 오디세이』처럼 독자들이 쉽게 찾을 것 같지 않았다. 그렇지만 진중권이라는 이름 석 자에 희망을 걸었다. 진중권의 책이기에 독자들은 분명 관심을 보일 것이었다. 본문은 총제작비 절감차원에서 흑백을 주조로 하되 부분 컬러 도판을 삽입하는 쪽으로 디자인했다. 부담해야 할 도판저작권 사용료가 만만찮았기 때문이다. 철학자들의 인물사진과 작품 도판을 삽입하고 본격적인 작업에 들어갔다. 내용을 간단히 소개하는 일은 쉽지 않았다. 8인의 쟁쟁한 철학자를 대상으로 하되 저자가 일관된 관점으로 펼쳐놓은 내용이기에 더 그랬다. 그런데 아주 적확한 시각으로 책을 리뷰한 독자도 있었다. 인터넷 교보문고 독자리뷰에서 한 독자(verbs)는 "미학과 탈근대 사상에 관심 있는 분들에게 강력하게 추천"한다며 이렇게 적었다.

"통시적 측면에서 보아, 이 책은 몇 달 전에 펴낸 『앙겔루스 노부스』와 하나의 짝을 이룬다. 신천사(新天使, 앙겔루스 노부스)가 고대 그리스 미학에서부터 20세기 초반 발터 벤야민의 미학까지를 다룬 반면, 이 책은 벤야민의 미학을 출발점으로 삼아, 탈근대의 미학을 조명한다. 이 책의 표지에도 적혀진 것처럼, 그의 사상적 기반은 비트겐슈타인이며, 그의 영감의 원천은 벤야민이다. 그리고 이 책의 전체를 뒤덮고 있는 것은 다름 아닌 벤야민의 그림자이다. 탈근대 미학의 흐름은 바로 벤야민으로부터 시작한다는 것이 그의 주장이다. 그는 이 책에서 시뮬라크르와 숭고, 이 두 단어를 탈근대 미학을 설명하기 위한 중심 개념으로 설정하는데, 이것들이 벤야민에게서 함께 발견되며, 또한 이후의 사상가들(마르틴 하이데거, 테오도르 아도르노, 자크 데리다, 미셸 푸코, 질 들뢰즈, 장-프랑수아 리오타르, 장 보드리야르)에게서 이 개념들이 계속 드러난다는 것이다. 진 중권은 이 여덟 명의 사상가들의 미학적 통찰을 간결하고 치밀하게 소개해낸다. 뿐더러 그는 나름의 해석과 언어학적 이해에 기반하여 기존의 접근들을 수정하기도 한다. 가령 푸코에 관한 고 김현 선생의 독해에 반박하며, 하이데거의 특정 어휘에 관한 이기상 교수의 번역을 고쳐놓는다. 이 모두가 그의 치밀한 일차문헌 독해에 기초한다. 그의 미학 강의를 듣거나, 강의안을 읽어보지 않은 분들에게는 다소 어려움을 줄 수도 있겠지만, 그는 놀랍도록 평이하고 명료하게 소개하며, 해석한다."

이 책은 철학자와 화가의 대화라는 관점으로 읽어도 좋다. 하이데거와 반 고흐, 푸코와 마그리트, 들뢰즈와 베이컨, 리오타르와 바넷 뉴먼, 보드리야르와 앤디 워홀 등이 그렇다. 철학자들이 직간접으로 다루었거나 관련된 화가의 작품과 함께 그들의 사유 세계를 들여다보는 것도 유익하다. 이는 현대미술에 대한 이해를 더하는 과정이기도 하다.

제목 오디세이 ········ 책 제목이 고민이었다. 저자가 생각한 제목은 '숭고와 시뮬라크르'였다. 그가 "이 책에서 노리는 목표"의 키워드다. 즉 "현대예술은 '숭고'와 '시뮬라크르'라는, 서로 대립하며 보족하는 두 개념으로만 온전히 파악할 수 있다는 것을 보여주는 것"이 목표였다. 하지만 '숭고와 시뮬라크르'는 제목으로 너무 무거웠다. 진중권에 관심 있는 일반 독자의 접근을 아예 차단할 수 있었다. 마침 전작인『앙겔루스 노부스』에 대한 생각이 떠올랐다.

제목에서 알 수 있듯 내용이 묵직했다. 『미학 오디세이』처럼 독자들이 쉽게 찾을 것 같지 않았다. 그렇지만 진중권이라는 이름 석 자에 희망을 걸었다. 진중권의 책이기에 독자들은 분명 관심을 보일 것이었다.

이 제목은 책의 내용과 잘 맞아떨어진다. 하지만 다수의 독자를 염두에 둔 단행본 제목으로는 부적절해 보인다. '앙겔루스 노부스'의 의미를 공유하지 못한 독자에게는 책의 성격이 잘 전해지지 않을 듯했다. 그래서 『미학 오디세이』를 염두에 두고 '강의' 대신 '현대미학오디세이'로 갈 생각을 했다. 이 책은 『미학 오디세이』의 후속편이기도 했으니까. 하지만 담당편집자의 생각은 달랐다. '오디세이'가 진중권의 전매특허 같은 용어이기는 하나 이 책이 전작과 다른 책임을 알리는 데에는 마이너스 요소로 작용할 수 있다는 의견이었다. 정직하게 '현대미학강의'로 가기로 했다. 문제의 '숭고와 시뮬라크르'는 '숭고와 시뮬라크르의 이중주'로 고쳐서 부제로 달았다.

"현대예술에는 '숭고'의 무거움과, 그것을 파괴하는 시뮬라크르의 가벼움이 또한 존재한다. 숭고와 시뮬라크르는 현대인의 세계감정이 가진 야누스의 얼굴이다." 이런 저자의 생각을 '이중주'로 요약한 것이다. 그런데 표지를 만들고 보니 저자명을 제목으로 올리는 것이 낫다는 결론을 내렸다. 그만큼 저자의 뚜렷한 관점이 견지된 원고였다. 디자인상으로도 이름을 앞세우는 것이 '폼'이 났다. 결국 제목은 '진중권의 현대미학강의'가 되었다.

예상 밖의 선전 ········· 내용이 만만치 않아서 솔직히 큰 판매를 기대하지 않았지만『진중권의 현대미학강의』의 판매 성적은 예상 밖이었다. 초판을 발행하고 얼마 지나지 않아 재판을 찍고 꾸준히 쇄를 거듭했다. 쉽지 않은 내용임에도 찾는 독자가 끊이지 않는다는 사실이 쉽게 납득이 되지 않았다. 스타급 철학자들을 한 권에 다뤄서일까, 그들의 사상을 미술과 연관지었기 때문일까. 아니면 저자의 대중적인 명성 덕분일까. 나는 세 번째 이유인 '진중권 효과'에 밑줄을 쳤다. 물론 철학자들의 생각을 효과적으로 정리하면서 자신의 의도를 관철시킨 문장의 쿨함도 한몫했을 것이다. 그렇다 해도 다른 저자가 동일한 작업을 했다면 이 정도로 꾸준히 판매되지는 못했을 것이다. 진중권이기 때문에 가능한 일이다. "약간의 배경지식이 생기니 책이 쉽게 느껴진다"는 내용의 독자리뷰를 보면『미학 오디세이』를 읽은 독자가 그 감동의 연장선에서 이 책에 도전하는 것 같다.

『진중권의 현대미학강의』를 통해 이름이 곧 브랜드인 저자의 힘이 얼마나 큰지 실감했다. 스타저자는 많은 열성 독자를 거느리고 있다. 그들은 저자의 이름만으로도 신간에 주목한다. "나는 진중권의 글을 애호한다. 그의 글은 각별하게 읽는 즐거움을 주기 때문에, 그의 신간들마다 기대를 갖고 대한다." 그 저자의 책이라는 이유만으로 독자는 흔쾌히 지갑을 열었다.

전생의 인연 ········『앙겔루스 노부스』는『진중권의 현대미학강의』출간 이전에 나왔다. 연재할 때 완독했지만 단행본으로 읽는 맛은 또 달랐다. 후자에 비해 대중적이었다. 판매 성적도 더 좋을 것이란 생각이 들었다. 마음 한구석에는 이 책을 놓친 아쉬움이 남아 있었다. 그런데 그 책과 인연의 끈은 끊어지지 않았던 모양이다.

『앙겔루스 노부스』가 출간되고 나서 몇 년이 지난 뒤, 어느 날 서점의 서가에서 책이 보이지 않았다. 책을 출간한 '아웃사이더'의 다른 책들도 서가에서 사라졌다. '아웃사이더'가 한 출판사로부터 투자를 받는 체제로 전환했다가 사정상 출판사를 접었다는 이야기를 전해들었다. 한동안 이 책은 '공중부양' 상태였다. 진중권에게 연락을 취했다. 그리고 계약을 했다.

스타저자의 가치는 높은 상업성이다. 저자가 획득한 '상징자본'은 이름만으로도 일정 부수 이상의 판매를 보장한다. 여기에 효과적인 마케팅이 결합하면 불에 기름을 붓는 격이 된다. 그래서 출판사들은 잘 나가는 저자와 작업하기 위해 소매를 걷어붙인다. 스타저자는 일종의 계란이다. 저자의 개인적인 역량이 노른자라면 독자의 열망은 노른자를 감싼 흰자다. 계란이 노른자와 흰자의 혼합물이듯 스타저자도 개인적인 능력에 독자의 열망이 더해진 뜨거운 상징이다. 한 사람의 저자에게 쏠리는 편중현상이 우려스럽지만 '유명한' 저자는 독서의 확산에 기여한다. 또 독자는 스타저자를 만들지만 유능한 기획자는 스타저자를 동일한 스타일로 소비하지 않고 계속 업그레이드시킨다.

디지털 세대를 위한 이인성 평전

국내 화가의 평전을 접하는 건 '사막에서 바늘 찾기'다. 평전 성격의 책이 없지는 않지만 이중섭, 박수근, 장욱진, 김환기 등 명성 있는 몇몇 화가에 집중되어 있다. 대중성 없는 화가들에 대해서는 제대로 된 자료집조차 찾아보기 어렵다. 구할 수 있는 자료라고는 전시회 팸플릿이나 화집, 미술잡지에 게재된 평문들이 전부다. 건어물처럼 딱딱한 자료들을 접하다보면 말랑말랑한 읽을거리가 그리워진다. 화가의 일생을 소설처럼 흥미롭게 접할 수 없을까? 이런 생각이 '디지털 세대를 위한 우리 미술가' 시리즈 기획의 씨앗이 되었다. 미술가의 일생을 소설처럼 구성하되 유명한 미술가뿐 아니라 소외된 미술가들을 시리즈에 포함했다. 시리즈의 첫 성과인 『한국 근대미술의 천재 화가 이인성』이 2006년 4월 출간되었다.

어느 '공모전 키드'의 생애 ········ 이인성은 한국 근대미술이 낳은 천재화가로 통한다. 그는 지독한 '공모전 키드'였다. 독학으로 그림에 입문하여 각종 공모전에서 크고 작은 상을 휩쓸었다. 제국미술전람회, 조선미술전람회의 총독부상과 최고상인 창덕궁상 수상, 일본수채화회전의 최고상인 일본수채화회상 수상을 비롯하여 수차례 공모전에 입상한다. 유채, 수채, 수묵, 판화까지 아우르며 풍경화, 인물화, 정물화 등 장르를 가리지 않았다. "이렇게 생전에는 유명한 화가였지만 지금 우리들에게 이인성은 그리 친근한 작가는 아니다. 같은 시대에 태어났던 이중섭, 박수근, 김환기가 국민작가로 추앙받는 것에 비하면 이인성에 대한 관심은 초라하기까지 하다."

　이인성의 삶은 드라마틱했다. 흔히 떠올리는 천재들의 모습을 그대로 옮겨놓은 듯했다. 어린 시절 세계아동예술전람회에서 입상한 이인성은 그의 재능을 알아본 일본인 교장의 도움으로 도일하여 다이헤이요 미술학교에 입학한다. 그 뒤 각종 공모전에서 연이어 수상을 했고, '이인성 양화 연구소'를 개설하는 등 다양한 활동을 펼쳤다. 하지만 1950년 서른아홉으로 요절하기까지 그의 삶은 평탄치 못했다. 화려한 경력을 가진 화가로 살았으나 자연인으로서의 삶은 불행의 연속이었던 셈이다.

　이인성에 대한 관심이 초라한 이유는 요절과 전쟁으로 인한 관심 부재, 공모전 위주의 작품 활동, 추상화의 물결 속에서 구상화가 소외된 점 등이 복합적으로 작용한 결과로 볼 수 있다. 다행히 2000년부터 대구광역시에서 '이인성미술상'을 제정하여 그의 작품세계와 예술정신을 기리고 있다. 이 상은 우리 미술 발전에 기여한 작가를 선정하여 창작활동을 지원하는 것이 목적이다.

　일제강점기에 조선의 황토색을 찾아간 이인성의 작품세계는 해방 이후 대한민국미술대전을 무대로 하던 후배 미술인들에게 큰 영향을 끼쳤다. "그런 면에서 이인성의 작품은 우리 서양화단의 뿌리를 찾기 위해 꼭 거쳐야할 관문과도 같다." 『한국 근대미술의 천재화가 이인성』은 그 '관문'이 일군 고단한 삶의 여정과 형형한 예술혼을 따라간다.

청소년을 위한 미술가 평전 ·········· '디지털 세대를 위한 우리 미술가' 시리즈의 기획의도는 교훈을 위해 인물의 삶과 업적을 과장하거나 왜곡하지 않고 인물의 선악을 여과 없이 드러내는 데 있다. 기존의 위인전은 정치적, 교육적 이유로 인물의 업적을 과대 포장하는 경향이 강해서, 청소년에게 오히려 해악이 되고 있다. 역사적 인물을 위인이라기보다 한 인간으로 바라보고 인물의 다양한 면모를 들여다봄으로써, 그들이 평범한 사람과 다른 점은 무엇이고 같은 점은 무엇인지 직시하게 하고 싶었다. 그래서 우리 역사에서 괄목할 만한 족적을 남겼음에도 학계나 출판계에서 충분히 조명 받지 못한 인물들을 널리 알리고자 했다.

기획 컨셉트는 대략 이렇게 잡았다. 첫째, 조선시대부터 근현대까지 시각예술전반에 걸쳐 활동한 미술가를 대상으로 한다. 둘째, 독자는 초등학교 고학년부터 중고생을 타깃으로 한다. 셋째, 필자는 각 분야의 젊은 연구자로 한다. 넷째, 분량은 500매 안팎으로 한다. 여기에는 약간의 부연설명이 필요하다. 미술가를 선정할 때 자료가 불충분한 미술가는 제외하거나 다른 방안을 강구했다. 먼저 같은 성향 혹은 반대 성향의 미술가 2인을 한 권으로 다루는 안이다. 또 하나는 부족한 자료를 팁으로 보충하는 안이다. 타깃 독자층을 초등학생으로 한 이유는 어린이들이 친근하게 읽을 수 있는 우리 미술가 열전을 만들기 위해서였다. 초등학생들이 어른들도 쉽게 찾지 않는 유홍준의 『화인열전』을 읽는다는 이야기를 들으니, 국내 미술가에 관한 책이 얼마나 부족한지 느낄 수 있었다. 그리고 새로운 시각을 반영하기 위해 해당 미술가를 연구한 젊은 석박사 출신 저자를 찾았다. 젊은 연구자가 없을 때는 기성학자도 염두에 두었다. 분량을 500매 안쪽으로 정한 것은 학생들의 독서 성취감을 고려해서였다.

울퉁불퉁한 진행 과정 ········ 모든 시리즈물 진행이 그렇듯 이 시리즈도 진행과정이 순탄치 않았다. 가장 큰 걸림돌은 필자들의 단행본 집필경험 부족이었다. 집

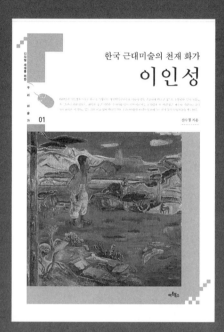

한국 근대미술의 천재 화가
이인성

전문가의 전문성이 어떤 성과를 낼 수 있는지 잘 보여준다. 저자의 안정감 있는 글발이 이인성의 삶과 예술세계를 극적으로 복원해서, 탁월한 화가이기 전에 한 인간이었던 삶의 여정이 가슴을 저민다.

필 과정은 곧 실습 과정이기도 했다. 조선시대부터 근현대까지 활동한 미술가들을 최대한 뽑고, 그중에서 집필 가능한 인물부터 관련 자료를 찾았다. 젊은 연구자 중심으로 필자를 선별하고 집필 의사를 타진했다. 그런 과정을 거쳐 여섯 명의 미술가가 대상이 되었다. 이인성 외에 최순우, 이중섭, 구본웅, 문신, 한석봉이 그들이다.

문제는 글쓰기였다. 선별한 필자들은 논문 스타일에 익숙해 있었다. 단행본 글쓰기에 관한 세세한 설명이 필요했다. 논문과 단행본의 차이점, 단행본의 구성요소, 학생들의 독서 심리를 고려한 글쓰기 방식 등을 언급하고 시리즈의 원고 구성을 이야기했다. 도입부는 흥미롭게 쓰고, 적절한 에피소드를 활용하면서 작품도판이나 사진과 연결하도록 했다. 본문은 소제목 아래 일정한 분량을 담고, 각 장이 끝날 때마다 4~5개의 팁을 마련하며, 연보도 준비하라고 주문했다.

진행은 쉽지 않았다. 초고를 보니 노력한 흔적이 역력했지만 논문식 말투는 여전했다. 초등학생 독자를 대상으로 했기 때문인지, 문장 전개에서 기존의 위인전을 방불케 할 만큼 현실감이 떨어지는 경우도 있었다. 정보를 쉽게 풀어내는 글쓰기로 수정 보완하기 위해 많은 시간이 필요했다. 원활한 진행을 위해서는 샘플 원고를 만드는 일이 시급했다. 백번 듣기보다 한번 보는 것이 낫기 때문이다. 수많은 자료와 인물 인터뷰를 토대로 주인공의 생을 입체화하고 작품과 내면을 들여다볼 수 있게 구성된 『한국 근대미술의 천재 화가 이인성』은 샘플 원고 역할을 톡톡히 해주었다.

전문가의 곰삭은 솜씨 ········ 『한국 근대미술의 천재 화가 이인성』은 전문가의 전문성이 어떤 성과를 낼 수 있는지 잘 보여준다. 저자의 안정감 있는 글발이 이인성의 삶과 예술세계를 극적으로 복원해서, 탁월한 화가이기 전에 한 인간이었던 삶의 여정이 가슴을 저민다. 삶에서 작품을 읽고 작품에서 삶을 읽는 저자의 안목과 글쓰기 덕분이다. 독자는 이인성이 자신의 꿈을 성취하기 위해 어떤 과정을 겪었고 어떤 고민을 했는지, 그 성과는 무엇이었는지 제대로 이해할 수 있다.

이인성은 조선미술전람회, 제국미술전람회 같은 관전을 중심으로 활동한 전력 때문에 해방 이후 친일논란에 휩싸이기도 했다. 그러다 보니 그의 삶과 예술적 성과마저 도매금으로 무시된다. 이 책은 한 인간을 비판하기 전에 제대로 이해하는 일이 우선임을 설득력 있게 제시한다.

「이인성의 작품세계 연구」로 석사학위를 받은 저자는 삼성문화재단에서 기획·출간한 『한국의 미술가 이인성』 작품 해설을 썼을 만큼 이인성 전문가다. 『한국근대미술의 천재 화가 이인성』은 저자의 이런 경험과 그 이후의 연구 성과까지 반영한 탐스러운 결실이다. 유족 인터뷰, 주변 인물의 증언, 사진, 엽서, 신문기사, 유품 등 수많은 자료를 참고하고, 꼼꼼한 작품 분석으로 그 속에 깃든 화가의 심리를 밀도 있게 그려낸다. 그림 그리기에 골몰하는 이인성의 초상뿐 아니라 아들, 남편, 사위, 아빠로 살다간 인간적인 면모까지 함께 전해준다. 이런 면모는 작품과 더불어 전개된다. 예컨대 화병에 담긴 꽃을 그린 정물화를 두고 저자는 이렇게 이야기한다.

"정물화는 움직임이 없거나 생명이 없는 그림을 말한다. 그러나 정물화에는 작가의 내면이나 작가를 둘러싼 상황이 암시되기도 한다. (중략)「꽃이 있는 정물」에는 싱싱한 꽃송이가 있는가 하면 또 다른 한쪽에는 이미 피었다가 시든 꽃들도 있다. 마치 이인성이 한 때는 활짝 핀 꽃송이처럼 남부러울 것 없이 잘 나가던 작가였지만 지금은 시든 꽃처럼 자식과 부인을 잃고 슬픔에 젖어 있듯이 말이다. 비록 작은 그림이지만 하나의 작품 속에는 이처럼 우리의 인생이 담겨 있다."

정물화 하나에서도 화가의 마음을 읽어내는가 하면 일제강점기의 시대적 모습과 미술계 풍토를 담고, 이인성의 삶에서 작품의 소재와 스타일을 추적하는 식이다. 그리하여 작품이 삶에 들러리를 서는 게 아니라 삶과 작품이 얼마나 밀착되어 있는지를 설득력 있게 보여준다. 저자는 "이인성의 작품을 평가하는 데 있어서 비판적인 시각보다는 한 화가의 고민하는 모습을 통해 진정한 예술품이 탄생하는 과정을 보다 생생하게 전해주고 싶었다"며 이렇게 덧붙인다. "그래서 친일이냐 아니냐, 일본의 영향을 받았느냐 아니냐 하는 판가름에 앞서 이인성이 그토록 갈망했던 조선적인 회화, 우리의 정서에 맞는 그림을 어떻게 그렸는지에 중점을 두었다."

이런 시각은 풍부한 도판과 사진에 힘입어 따뜻한 결과를 낳는다. 그것은 어린 시절부터 요절할 때까지 예술에 헌신한 인간 이인성을 만나는 데서 생기는 온기이다. 각 장 뒤에는 2~3개의 팁을 붙였다. 팁은 일종의 용어설명이지만 쉬어가는 페이지와 색다른 읽을거리로도 기능한다. '근대 대구 미술 단체의 흐름' '스승이자 후원자였던 서동진' '죽마고우 윤복진' '그림엽서' '일본의 관전' '조선미술전람회' '조선 향토색론' '인상주의' '후기 인상주의' '기생관광엽서' '누드 그림' '중일전쟁의 영향' '이인성 서명의 변화과정' 등의 팁을 통해 본문에서 하지 못한 이야기를 보충한다.

아주 잘 생긴 평전 ········ 평전은 역사적 인물의 일생에 대하여 평론을 곁들여 적은 전기다. 한 인물을 기리는 것이 목적인 전기와도 다르고 사건 중심으로 전개되는 역사서와도 다르다. 한 사람의 생을 통해 그 시대를 조명하면서 업적과 활동을 평가하는 것이 목적이다. 인물의 단점과 함께 인간적인 측면도 가감 없이 볼 수 있어서 한 인물을 복합적으로 이해할 수 있게 해준다.

'디지털 세대를 위한 우리 미술가' 시리즈는 평전과 같은 맥락이다. 서양의 고흐나 피카소만 뛰어난 것이 아니라, 우리에게도 훌륭한 화가가 있었다는 사실을 학생들이 깨닫도록 하기 위한 기획이다. 대부분의 학생들이 이 땅에서 활동한 우리 화가보다 서양의 화가를 더 많이 알고 가깝게 느낀다. 안타깝지만 현실이다. 화가들은 작품으로 말하는 반면 사람들은 책으로 화가를 받아들인다. 따지고 보면 유명세를 날리는 화가들이란 관련된 책이 많거나 지면에 자주 소개된 인물들이다. 평전은 이런 현실을 조금씩 개선해준다. 나는 시리즈 명을 정한 뒤 문안을 이렇게 정리했다. "우리는 서양의 유명한 미술가들의 이름과 작품을 줄줄 외우면서도 정작 우리나라 미술가는 제대로 모른다. '디지털 세대를 위한 우리 미술가' 시리즈는 이런 현실을 직시하며 우리나라 미술사를 살찌운 대표적인 미술가들의 생애와 작품세계, 업적 등을 새로운 시각으로 조명한다. 그런 가운데 미술가들이 자신의 작품세계와 업적을 이루기 위해 어떤 과정을 겪었으며, 어떤 고민을 했는지, 또 그 성과가 무엇이었는지를 제대로 이해할 수 있게 한다."

그림 같은 세상과 그림 같은 책

『그림 같은 세상』과 『진중권의 현대미학강의』는 아트북스의 책 중에서 가장 많은 '쇄'를 박은 책이다. 『진중권의 현대미학강의』는 내용이 전문적이라는 점에서 대중서를 지향하는 아트북스의 책으로 내놓기에 망설여지는 부분이 있다. 반면에 황경신의 『그림 같은 세상』은 '미술의 재미를 맛깔스럽게 찾아주기'를 지향하는 우리의 기획 방향에 제대로 부합한다.

미술은 전문가의 소유일까 ········· 미술은 전문가의 소유가 아니다. 누구나 보고 즐길 수 있다. 미술 감상에서 중요한 것은 개인의 내밀한 감정이다. 작품에 정답이 있는 건 아니다. 남의 눈치를 볼 필요가 없다. 특정한 정답을 맞혀야 하는 것처럼 생각하는 고정관념에서 벗어나야 한다. 누구나 자유롭게 보고 느낀 점을 이야기할 수 있다. 음식을 먹을 때도 자기 입맛이 중요하듯이 미술품 감상에서도 자신만의 감상이 중요하다. 해당 작품과 관련된 구체적인 정보는 마음대로 감상한 후에 책이나 인터넷으로 찾아서 보충하면 된다.

"그림을 보다보면, 유난히 제 마음을 끌어당기는 그림들이 있어요. 그런 그림들에 대해 내가 받았던 느낌을 이야기한다거나, 또는 그림을 통해 개인적인 이야기들을 해왔는데, 그림에 대해 아무것도 모르는 사람이 이런 책을 내도 되나, 라는 생각이 들었어요. 또 한편으로, 저는 그림이란 게 대중들과 격리되어 있는 예술이 아니어야 한다고 생각해요. 그림에 대해 내가 이야기해도 되나, 라는 생각과 동시에 그런 이야기를 하지 못하는 건 잘못된 게 아닌가, 라는 생각이 들었던 거죠."

　나는 영화 이야기로 수다를 떨듯이 미술도 그랬으면 한다. 이런 분위기를 조성하는 데 기여할 책들이 많아졌으면 싶다. 그래서 아트북스에는 기존의 미술책에 길든 시각으로 보면 파격적인 책이 적지 않다. 미술을 전공하지 않은 이들의 책도 많다.『그림 같은 세상』도 미술을 사랑하는 비전공자의 책이다. 이 책은 대학 1학년 때 1년 정도 화실을 다닌 저자가 "그림 하나하나를 두고 갖는 기쁨과 슬픔, 자신의 마음으로 받아들여서 그걸 읽어나가는 과정"홍순명을 진솔하게 보여준다. 감수성 넘치는 미술이야기와 더불어 단행본을 만드는 방법에서도 기억에 남는 책이다.

어떻게 저자를 알게 되었나 ········· 나는 '스트리트페이퍼'의 대명사 격인 〈페이퍼〉의 애독자였다. 내가 〈페이퍼〉에 주목한 것은 필자가 자신을 주어로 삼은 글쓰기 때문이었다. 필자가 글의 이면으로 숨지 않고 전면에 나서서 보고 느낀 바를 솔직하게 말하고 있었다. 익명성의 글에 길든, 그러면서도 익명성이 몹시 불편했던 내게 〈페이퍼〉의 주관적인 글쓰기는 독자와 만나는 가장 적극적인 소통방식으로 보였다. 가벼운 마음으로 친구의 이야기에 귀 기울이듯 〈페이퍼〉를 읽었다.

　2000년 12월 〈페이퍼〉에서 그림을 소재로 한 황경신의 칼럼을 '발견'했다. 꼭지명이 「황경신의 그림 같은 세상」이었다. 한 회로 끝나는 글인가 싶었는데 다음 호에도 이어졌다. 〈페이퍼〉를 꼬박 꼬박 챙겼다. 황경신의 글은 미술평론가나 전공자가 흔히 쓰는 무미건조한 이야기가 아니라 "자기 마음대로, 자기 멋대로, 어떤 그림을 통해 자기 자신만의 독특한 느낌을 길어 올리는 것"김원,「추천의 글」이었다. 글을 읽고 나면 낯설거나 낯익은 그림과 화가가 가슴에 새롭게 둥지를 틀곤 했다.

그때 나는 한 미술잡지의 편집장으로 있었다. 매달 국내외 미술계의 동향을 따라잡으며 틈틈이 〈페이퍼〉 같은 미술잡지를 꿈꾸었다. 지금도 크게 변하지 않았지만 국내 미술잡지는 너무 근엄하고 심각하다. 미술인들의 내부문건으로만 유통되는 미술잡지의 체형과 체질에도 변화가 필요하다. 쉽고 재미있는 글쓰기와 다양한 형식으로 미술이 일반인과 호흡할 수 있는 변화 말이다. 하지만 노력에 비해 성과는 미미했다. 그러다가 그런 바람을 실현하기도 전에 잡지사를 떠났다(한때 내가 '편집인'이었던 계간 미술 교양지 〈이모션〉은 이런 꿈의 연장선에 있기도 하다). 그리고 몇 달 후 아트북스를 시작하면서 황경신이 떠올랐다. 편집자에게 연락을 취해보라고 했다. 결과는 오케이였다. 책을 내기로 한 것이다. 미술전공자가 아니어도 상관없었다. 미술에 대한 애정만 있으면 누구나 미술 관련서를 낼 수 있다고 생각한다. 이 저자가 좋은 사례가 될 것 같았다.

초고에 쓴 처방전 ········ 한 편의 원고를 단행본화하기 위해서는 초고를 꼼꼼히 검진한 다음 몇 가지 처방전을 쓰게 된다. 원고는 편집자의 처방전에 따라 얼마든지 다른 표정을 띨 수 있다.

『그림 같은 세상』의 원고는 저자가 여름휴가를 다녀온 뒤 입고되었다. 그녀는 자신의 감수성과 추억에 의지하며 화가들의 삶과 그림 속으로 여행을 떠나고 있었다. 클림트, 레비탄, 마티스, 모네, 쇠라, 파브리티위스('봄'), 코로, 해섬, 시슬레, 클레, 마그리트, 비어슈타트('여름'), 뭉크, 고흐, 피사로, 휘슬러, 터너, 로

트레크('가을'), 베르메르, 피카소, 이중섭('겨울')이 그들이다. 대부분 유명한 화가들이었지만 낯선 화가의 생소한 그림도 있었다. 저자의 감상은 때로는 기행문이었고, 때로는 보내지 못한 편지였다. 혼자 울음을 터뜨리는 독백이기도 했다. 잔잔한 감동이 일었다. 그런데 분량이 문제였다. 책 한 권이 되기에는 양이 부족했다. 원고를 늘려야 했다. 세 가지 처방전을 제시했다.

먼저 팁이었다. 자신의 이야기든 그림이나 화가에 관한 일화든 흥미로운 이야기를 1~2쪽 분량으로 준비해달라고 했다. 각 꼭지 뒤에 붙은 'little more'가 그것이다. 다음은 그림 보충이었다. 글의 소재가 된 그림 1점 외에 해당 화가의 다른 그림을 3~4컷 넣자고 했다. '화집＋에세이' 형태를 염두에 둔 것이다. 그림에는 작가명, 제목, 재료, 크기, 제작연도 같은 간단한 정보만 붙이지 말고 짧은 글을 써 달라고 했다. 그림 자체가 독립된 텍스트로 읽히게 말이다. 모네의 유화그림 〈레몬트리〉(1884)에 관해 저자는 이렇게 적었다. "모네의 색채들 중에서 나를 가장 매혹시키는 것은 이 아름다운 레몬 빛깔이다. 아직 시작되지 않은, 감미로운 운명을 예고하는 듯한 빛깔." 마지막은 부록이었다. 짧은 후기 대신 긴 글을 제안해왔다. 내용은 미술을 중심으로 한 저자의 이야기로 잡았다. 저자는 잘 아는 화가를 인터뷰하며 그림을 이야기하는 방식을 제안했다. 그림과 관련된 이야기라면, 어떤 형식이든 괜찮다고 생각했기 때문에 저자의 제안을 받아들였다. 저자가 진행하고 정리한 인터뷰는 「화가 홍순명에게 물었다, 나도 그림에 대해 말할 수 있냐고」라는 제목으로 실렸다.

저자는 세 가지 작업을 기대 이상으로 해냈다. 내용 구성이 다채로워졌다. 단단한 에세이와 그림과 인터뷰가 어우러져서 가벼운 듯하면서도 묵직한 독후감을 남겼다.

『그림 같은 세상』은 편집의 마술이 충분히 발휘된 책이다. 추가될 그림들의 배치에 따라 본문의 체형이 180도로 바뀔 수 있었다. 탱탱하거나 바람 빠진 풍선 같거나 둘 중 하나였다. 나는 화가가 그림을 그릴 때 캔버스에 소재를 효과적으로 배치하듯이 원고와 그림의 배치에 신경을 곤두세웠다.

책을 춤추게 한 편집전략 ········· 『그림 같은 세상』 본문디자인은 '조삼모사'의 전략으로 진행했다. 동일한 소스도 배치하기에 따라 전혀 다른 모습이 된다. 이런 전략은 본문디자인에도 사용할 수 있다. 디자인 시안은 만족스럽지 못했다. 본문 구성을 보니 '본문원고(＋주요그림 1점)＋그림들＋팁' 순서였다. 맥이 빠져 보였다. 주요그림을 제외한 그림들과 팁이 본문의 사족처럼 보였다. 일반적인 독서습관에 비춰보면 본문원고(＋주요그림 1점)에서 읽기가 완료된다. 그러다 보니 본문원고(＋주요그림 1점) 뒤에 붙은 그림들은 후식을 먹듯 긴장감 없이 감상하게 된다. 본문에 언급된 주요그림뿐 아니라 화가의 다른 그림들을 대등하게 감상할 수 있게 하려고 관련 그림을 여러 장 더 넣은 의도가 살지 않았다. 관련 그림들이 부속물처럼 본문 뒤에 배치됨으로써 글과 그림이 상하관계에 놓이고, 그림 감상은 해도 되고 안 해도 되는 꼴이 된 것이다.

'주요그림 1점＋본문원고＋그림들＋팁'으로 순서를 바꿔보았다. 비로소 그림들이 본분원고와 대등한 관계가 되었다. 본문원고와 함께 편집되었던 주요그림 1점을 앞쪽으로 독립시켜 두 페이지에 크게 편집한 것이다. 독자는 본문에 본격적으로 들어가기 전에 주요그림 1점을 감상하고 그 느낌의 연장선에서 본문으로 진입하게 된다. 본문을 읽고 난 뒤에는 다시 주요그림 1점을 되살펴보는 효과도 있었다. 그리고 감동의 여운을 안고 뒤에 붙은 그림들을 감상하고, 팁으로 마무리하면 된다. 진행과정은 '조삼모사' 식이었지만 효과는 컸다. 원고(그림과 글)의 순서를 바꿨을 뿐인데 편집이 탄탄해졌다. 소중한 경험이었다. 이후 아트북스의 책에 편집의 마술을 적극 발휘하는 계기가 되었다.

이 책에서 하나 더 눈여겨볼 것은 부록과 구성이다. 부록은 저자와 화가 홍순명의 인터뷰다. 이 인터뷰가 걸작이다. 미술에 관해서 이렇게 담백하면서 핵심을 꿰는 이야기를 접하기는 쉽지 않다. 미술전공자로서, 미술정보를 맛깔스럽게 공급하고자 잔머리를 굴리는 사람으로서 이 인터뷰는 탐이 났다. 효과적인 질문과 화가의 쉬운 답변이 상승작용을 일으키며 미술을 보는 눈을 새롭게 한다.

"그럼 예술의 궁극적인 목적은 무엇인가요?"
"결국 잘 먹고 잘 살자는 이야기지. 경제적으로든 정신적으로든 풍요롭게 살아보자는 거지. 좀더 나은 삶을."

한 권의 책은 원고를 어떻게 묶느냐에 따라 독자에게 다른 맛을 준다. 동일한 재료라도 요리사의 솜씨에 따라 맛이 달라지는 것과 같다. 책 만들기도 마찬가지다. 저자가 주는 원고를 수동적으로 편집하기보다 적극적으로 분류하고 편집하는 것이 중요하다. 책은 쓰여지는 것이기도 하지만 편집되는 것이기도 한 까닭이다.

『그림 같은 세상』은 봄, 여름, 가을, 겨울이라는 네 개의 카테고리 속에 3~7편의 글이 안배되어 있다. 그 글들은 사계절의 카테고리에 의해 각 계절의 빛깔을 덤으로 부여받는다. 배추와 무가 만나서 김치가 된 격이다. 이렇게 사계절로 구성한 것은 저자였다. 편집자뿐 아니라 저자의 편집력이 발휘된 결과이다.

왜 '그림 같은 세상'인가 ········· '그림 같은 세상'은 〈페이퍼〉 연재명에서 수평이동시킨 제목이다. 다른 제목을 고민해봤지만 이만 한 '재목'이 없었다. 사실 '그림 같은 세상'은 신선도가 떨어지는 상투어였다. 그런데 묘하게도 곱씹을수록 단맛이 우러났다. 그림 같지 않은 세상에서 그림 속처럼 좋은 세상을 바라는 꿈을 담은 말로도 읽혔다. 기억하기 쉽고, 곰곰이 생각하게 만드는 힘도 있었다.

부제는 "〈페이퍼〉의 편집장 황경신의 봄 여름 가을 겨울 이야기"로 잡았다. 뒤표지 문안은 본문에서 독자가 궁금증을 가질 만한 것으로 뽑았다. "그 한 장의 그림으로 인해, 내 인생은 조금 달라졌다!" 서브카피는 "또 다른 세상을 꿈꾸는 잡지 〈페이퍼〉의 편집장 황경신이 만난 봄 여름 가을 겨울의 그림들······"로 정했다. 부제와 뒤표지 문안에서 〈페이퍼〉를 앞세운 것은 저자를 모르는 독자를 위한 배려였다.

『그림 같은 세상』은 '그림 같은 인생'이 만든 '그림 같은 책'이다. 그것은 다시 '그림 같은 세상'을 꿈꾸게 한다.

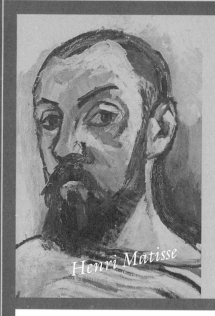

앙리 마티스

좋은 일은
창 너머에서 온다

희망은 늘 두려움과 함께 온다.
두려움은 저 혼자서도 오지만 희망은 혼자 오는 일이 없다
그래서 희망을 향해 창을 열 때는 각오가 필요하다

창을 열면 바다가 보이는, 그런 그림 같은 집이었다. 한적한 바닷가를 걷고 있던 나는, 그 집에 살고 있는 사람이 누구인지 궁금해졌다. 문을 두드리자 젊은 남자가 나왔다. 잠시 집을 구경하고 싶다고 했더니, 그는 흔쾌히 안내를 해주었다. 아주 작은 집이었고, 가구도 거의 없었다. 다만 바다를 향해 나 있는 커다란 창이 인상적이었다.

"매일매일 창을 통해 바다를 볼 수 있다니, 정말 대단해요." 내가 말했다. 그는 빙긋 웃으면서 이렇게 대답했다.

"사실 그 때문에 아무것도 없는 이곳으로 이사를 왔지요. 이사를 오고 나서 처음 한 달 동안은 아침부터 저녁까지, 혹은 한밤중에도 바다를 바라보았어요. 두 달이 지났을 때는 날씨가 아주 좋은 날만 창을 열고 바다를 보았죠. 세 달이 지나가면서부터는 가끔 한

기를 위해 창을 열 뿐입니다. 무엇이든 소중한 것을 소유한다는 것은, 그런 것이겠죠."

물론 그런 일이 실제로 일어나지는 않았다. 그러나 나에게는 아주 생생한 꿈이었기 때문에, 마치 실제로 일어난 일과 마찬가지처럼 여겨졌다. 가끔 어떤 꿈들은 그저 꿈으로 끝나지 않고, 나에게 어떤 각성을 요구한다. 창을 열면 바다가 보이는 집에 살고 있는 남자에 대한 꿈도 그랬다. 나는 그 꿈으로 인해, 내가 원하는 것, 내가 원하여 이룬 것, 지금 소유하고 있는 것, 그들의 가치 같은 것에 대해 곰곰이 생각해보게 되었다.

한때, 창 밖으로 보이는 푸른 하늘을 무지하게 그리워한 적이 있었다. 지하에서 지상으로 방을 옮긴 이후, 나는 휴일이면 하루 종일 창을 열어놓고 하늘을 바라보았다. 동이 트는 하늘, 해가 쨍쨍하게 비치는 하늘, 흐린 하늘, 구름이 많은 하늘, 바람이 부는 하늘, 비가 오는 하늘, 해가 지는 하늘, 캄캄한 하늘……, 나는 하늘이 보이는 곳에서 살게 되어 행복하다고 생각했지만, 그 행복은 오래 가지 않았다. 한두 달을 지난 후부터 내 방의 작은 창문은 늘 닫혀 있게 되었다. 그후 나는 창을 열어도 하늘이 보이지 않는 집으로 이사를 갔다.

기형도 시인의 시 중, 「죽은 구름」이라는 시가 있다. 그의 마지막 구절이 기억난다. "저 홀로 없어진 구름은 처음부터 창문의

것이 아니었으니"라고 시인은 썼다. 창 너머로 구름이 나타났다 사라지고, 하늘이 밝았다 어두워지고, 새들은 머물렀다 날아간다. 창은 우리가 궁극적으로 소유해야 할 것, '세상을 보는 눈' 임을 일깨워준다.

마티스는 흔히 '야수파'라는 터프한 이미지로 우리에게 알려져 있지만, 그것은 그가 서른여섯 살 때부터 마흔세 살까지 그린 그림들에서 보여지는 성향이며, 그의 미술사 전체를 놓고 볼 때 비교적 짧은 기간이다. 그 시기 이후 그는 '균형과 순수함과 조용함'을 추구하며 '모든 사람에게 있어서 하나의 진정제가 될 수 있는 예술을 만들어야 한다'는 생각으로 그림을 그린다. 물론 그가 야수파에 속하던 시기에 얻게 된 주관적이고 자율적인 색채는, 그 이후에도 마티스의 색깔을 규정하는 중요한 요소로 작용한다. 그러나 그의 작품은 갈수록 단순해진다.

마티스는 창문을 무척 좋아했다. "창은 내게 있어 공간이라는 수평선으로부터 나의 작업실 내부로 이르는 하나의 통일체이다. 창문 너머 지나가는 배들도 내 주변의 친근한 사물들과 동일한 공간 속에 존재한다. 창문이 있는 벽은 두 개의 다른 세계를 만들어내는 것이 아니다"라고 그는 말했다. 1916년에 그려진 「창」이라는 제목의 이 작품을 보고 있으면, 그는 집의 바깥 세계와 안쪽 세계를 구분 짓지 않았던 게 아닌가 하는 느낌이 든다. 이 작품은 내게 거침

면서도 섬세하고, 투박하면서도 부드럽고, 차가우면서도 따뜻한 느낌을 준다.

"본다는 것은 그 자체가 노력을 요하는 창조적 작업이다. 우리가 일상생활에서 보는 모든 것은, 정도의 차이는 있으나 습득된 습관에 의해서 왜곡된다. 현대와 같은 시대에는 더욱 그렇게 되기가 쉽다. 영화, 광고, 잡지 등은 우리를 매일 기성의 이미지들의 홍수 속으로 몰아넣는다. 이러한 이미지들은, 지성에 있어서의 편견과 같이, 우리의 시각을 왜곡시킨다. 특히 모든 것을 최초로 보는 것과 같이 보여야 하는 미술가에게는 이같은 용기가 필요불가결한 것이다. 미술가는 일생 동안 그가 어렸을 때 보았던 방식으로 보아야 한다"라고, 마티스는 그의 「화가노트」에 기록해두었다.

그리고 창을 열면 늘 최초로 보는 세계가 있다. 슬픔이나 절망이나 이별을 두려워하면서 창을 열지 않을 때, 마음은 더욱 더 단절되어간다. 세상의 좋은 일이란 모두 창 너머로부터 오는 것인데.

붉은 식탁 : Red dining room table : 캔버스에 유채 : 1908

바이올린이 있는 실내 : Interior with a violin : 캔버스에 유채 : 1917~18

구름도 빛도 바람도, 그 창가에 영원히 머무르진 않는다.
따뜻함도 아이움도 분노도 영원히 우리의 생을 지배하지 못 하는 것처럼.
우리를 살아가게 하는 것은 식탁과, 그 식탁 앞에 앉을 수 있는
희망인지도 모른다.

'어릴 때 보았던 방식' 으로 세계를 보는 마티스는,
무한한 호기심으로 이 세계와 저 세계 사이에 있는 문을 연다.
그의 시선을 감지한 사물들은 스스로 내부를 열어보인다.

창 : Window : 캔버스에 유채 : 1905

축음기가 있는 실내 풍경 : Interior with Phonograph : 캔버스에 유채 : 1924

창 밖으로부터 불어오는 바람에는 신선한 공기와 먼지가 함께 들어 있다.
누구도 신선한 공기만을 골라 마실 수는 없다.

우리는 모두 자신의 창을 가지고 있다.
어떤 고정관념, 가치관, 미래보기, 환경이나 학습에 의한 선입견 등이
그 창이다. 그것에 집착할수록 창은 점점 굳게 닫힌다.

little more   꿈의 세계에는 어떤 '존재'의 '의지'가 있다 ● 그것은 가끔 꿈을 통해 발현한다 ● 나 자신도 깜짝 놀랄 만큼 철학적인 꿈을 꿀 때가 있는데, 꿈에서 깨어나 그 내용을 한참 곱씹어보면 그것이 현재 내 인생의 키워드라는 것을 알게 된다 ● 그런 꿈은 대체로 중요한 선택을 해야 할 지점에서 나타난다 ● 어떤 '존재'가 '지금 너의 인생에서 중요한 것은 이것이다'라는 것을 알려주고, 나는 그것을 충분히 참고하여 '선택'을 하는 것이다 ● 이런 경우, 어떤 '존재'가 나의 '무의식'이라고 할 수는 없다 ● 그러나 그 '존재'가 나의 의식과 완전히 별개라고 말할 수도 없다 ● 내 의식 속에는 나이면서 동시에 내가 아닌 무엇이 있다 ●

강렬한 꿈은, 지금도 실제로 일어났던 일보다 더 생생하게 기억해낼 수 있다 ● 창을 열면 바다가 보이는 그 집을, 내게 그런 재능만 있다면, 나는 아주 구체적으로 그려낼 수도 있다 ● 마티스의 '창'을 만났을 때, 저절로 그 꿈이 떠올랐다 ● 나는 나의 창을 통해 무엇을 보고 있는가, 아니, 창을 열고 세상을 보고 있긴 한 걸까

자연에서 미술을 배우다

이메일이 맺어준 인연 ⋯⋯⋯ "아이와 함께 자연에서 배우는 미술의 모든 것"이 담긴 『세상은 놀라운 미술선생님』은 한 통의 이메일에서 시작되었다.

2005년 4월에 받은 이메일 "정민영 대표님, 들녘에 봄이 한창입니다. 잘 지내시겠지요? 제가 그림을 좋아해서 그림과 관련된 사람들 주변에 있게 된 것인지, 그림과 관련된 사람들 주변에 있다 보니 그림을 좋아하게 된 것인지, 아무튼 무엇이 먼저인지 모르지만 딸 채림이까지 그림을 열심히 그리고 있어서 더더욱 그림과 연을 뗄 수가 없나 봅니다.

그동안 이것저것 구상한 글들을 어딘가에 게재하면서 진도를 나가고 싶다고 생각하던 중 우연히 이곳 한 지방 신문사와 연재 계획이 진행되었습니다. 미술과 관련 있는 글이어서 대표님께 자문을 구하고자 글을 보냅니다. 어쩌다 미술판에 뛰어들어 미술부 기자 생활을 한 게 죄일까요? 굳이 제가 아니어도 누군가가 좋은 글들을 많이 쓰겠지만 자연(어쭙잖은 시골)과 함께 생활하다 보니 이것저것 떠오르는 것들이 있어서 구상했던 것을 이제야 쓰게 되었습니다. 글은 원고를 보시면 어떤 내용을 다루고 싶어 하는지 이해가 가실 줄로 압니다. 꼭 화랑에 걸려 있는 그림이나 명화들만이 최고의 그림이 아니라 우리 주변에 보이는 모든 자연과 삶의 공간이 그림이 될 수 있다는 것을 얘기하면서 그것들을 새롭게 바라보자는, 일종의 관찰일기 같은 것입니다. (중략) 앞으로 쓸 내용은 밭이랑, 우리의 한옥,

우리 동네 작가의 아틀리에, 뮤지컬 무대, 우리 동네 고물상, 연극 무대, 나무, 노을, 재래시장 풍경, 빈 들녘 등입니다."

청주 부근 시골에 살던 저자가 보낸 메일에는 구어체로 된 연재물 한 편이 첨부되어 있었다. 제목은 '아이야, 화랑 가자.' 군침이 고였다. 원고를 보고 책으로 내자는 답장을 보냈다.

저자에게 보낸 답장 "김정애 선생님께. 좋은데요, 아주 흥미로운 접근 방식입니다. 연재가 마무리되는 대로 아트북스에서 책을 내시죠. 말이 나온 김에 몇 가지 사안을 말씀드려봅니다.

1) 관련된 풍경사진(쟁기질 된 밭이랑, 한옥, 나무, 노을 등)을 틈틈이 찍어두셨으면 합니다. 그 계절이 지나고 나면 다시 1년을 기다려야 하는 만큼, 그때그때 필요한 풍경과 소재를 촬영해두는 것입니다.

2) 관련 '작품에 관한 설명'이 자세하지 않습니다만, 단행본으로 만들려면 언급된 작품을 더 구체적으로 설명해야 합니다(이건 선생님이 더 잘 아시리라 생각합니다). 즉 독자가 글을 읽다가 해당 작품에 관한 설명을 접하면서 작품 도판에 눈길을 주고 그것을 즐길 수 있게 말입니다. 또 작품이나 작가에 관한 에피소드가 있다면(작품이나 작가와 관련된 선생님의 사적인 이야기도), 함께 섞어주시면 글이 한결 맛깔스러울 것입니다. 단행본에서는 에피소드나 비하인드 스토리가 아주 중요하거든요. 논문에서는 홀대받던 에피소드가 단행본에서는 귀빈 대접을 받게 됩니다.

3) 단행본이 되자면 원고지 분량이 최소 650여 매는 되어야

합니다. 그렇다면 각 글마다 일정 분량이 필요합니다. 지금 이 원고를 보강할 경우 각 글 분량을 어느 정도로 하여 650여 매를 채울 것인지 틈틈이 생각해주시면 됩니다.

4) 팁 혹은 쉬어가는 페이지를 구성할 글감도 고려했으면 합니다. 전체 글이 20꼭지라면, 5꼭지씩 묶은 뒤에, 혹은 10꼭지씩의 글 뒤에 팁을 붙여주는 것입니다. 그림 감상법이든, 미술 주변의 일화든 그것은 저자가 구상하기 나름입니다. 단, 독자에게 흥미를 주는 것들이었으면 합니다."

첫 이메일을 받은 지 약 10개월 만인 2006년 2월 광화문에서 저자를 만났다. 저자는 연재가 끝난 원고를 내놓았다. 원고를 훑어보고 단행본 작업에 필요한 사항을 조목조목 이야기한 후 그 내용을 정리해서 다음날 저자에게 보냈다.

편집 진행과정 ········· 저자가 건넨 원고는 불특정 다수를 대상으로 한 신문 연재물인 만큼 주요 독자층이 불분명했다. 그래서 자녀교육에 관심이 많은 엄마를 주요 독자로 삼고 원고를 손질하자고 제안했다. 엄마들이 미술정보도 얻고, 아이와 함께 응용작업도 할 수 있는 쪽으로 방향을 잡았으면 한다고 말이다. 저자는 원고를 꼼꼼하게 수정 보완했

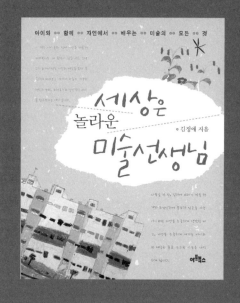

아이와 ◦◦ 함께 ◦◦ 자연에서 ◦◦ 배우는 ◦◦ 미술의 ◦◦ 모든 ◦◦ 것

세상은
놀라운
◦김정애 지음
미술선생님

아트북스

화랑에 걸려 있는 그림이나 명화들만이 최고의 그림이 아니라 우리 주변에 보이는 모든 자연과 삶의 공간이 그림이 될 수 있다는 것을 얘기하면서 그것들을 새롭게 바라보자는, 그림으로 세상을 사랑하는 법을 알려준다.

고, 나는 이메일로 몇 가지를 더 주문했다. 내가 보낸 이메일의 내용과 그 뒤 진행과정을 간략하게 정리해본다.

첫째, 신문에 연재한 순서대로 나열된 34편의 원고를 성격과 내용이 같은 것끼리 분류해서 4부로 나누자고 제안했다. 구성은 저자에게 일임했다. 저자에 대한 신뢰가 있었기 때문이다. 오래전 미술잡지를 만들 때 처음 만난 저자는 청주지역 미술담당 신문기자였다. 미술에 관한 내공이 만만치 않았고 소설집까지 낸 소설가이기도 했다. 원고 정리에 내가 끼어들 필요가 없었다. 원고지로 760여 매 분량이 도착했다. 결과는 역시나였다. 기대 이상으로 차례가 미끈하게 빠졌다. '선과 면, 형식으로 보이는 자연(1부)' '보고 있어도 그리운 '빛깔'들(2부)' '삶의 흔적, 조형예술의 도우미(3부)' '인간의 내면과 여행을 꿈꾸는 세상(4부)'으로 구성되어 있었다. 각 부의 원고 구성은 물론 제목도 좋았다. 비체계적이었던 원고들이 저자의 편집에 의해 뚜렷한 '소속정당'(부)이 생긴 것이다. 또 각 원고들은 소속정당에 따라 새로운 의미를 부여받았다.

둘째, 15~20매 안팎의 머리글을 부탁했다. 나는 가능하면 의례히 쓰는 식의 '저자의 말'은 권하지 않는다. 머리글 역시 하나의 독립된 텍스트로 기능하게끔 집필을 부탁한다. 자체로 한 편의 에세이가 되게 말이다. 이런 머리글의 원고 구성을 도식화해 전체 원고분량을 3등분할 경우, 에세이 2/3, 내용 소개와 인사말이 각각 1/3 정도가 좋다. 단 에세이는 본문과 관련된 인상적인 내용이되 부담 없는 읽을거리가 되어야 한다. 머리글에서까지 본문처럼 읽는 부담을 줘서는 안 된다. 이 책의 「머리글」은 약 32매 분량이다.

"어느 날부터인가 나무를 보며 박수근의 그림을 떠올리고 밭이랑을 보며 우리의 민화를 떠올렸습니다. (중략) 별 의미 없이 지나치던 고물상이며 골동품, 우리의 한옥 속에 숨어 있는 많은 조형 요소들을 보면서 자연이, 세상이 온통 그림으로 보이기 시작한 것이지요. (중략) 우리의 생활 터전인 세상이 바로 화랑이고 미술관이라고 생각을 바꿔보면 어떨까요? 들판이며 하늘이며, 산이며 강, 길이며 시장, 집 등 우리 주변의 자연과 생활공간은 모든 예술작품의 근원이며, 모티브가 됩니다. 그러니 이보다 더 좋은 화랑이나 미술관은 없는 셈이지요."「머리글」

셋째, 즐거움과 여운이 남는 도판설명을 달아달라고 했다. 도판(작품과 사진) 설명도 독립된 텍스트이다. 독자가 설명만 읽어도 책에 흥미를 가질 수 있어야 한다. 첫 이메일에 첨부된 원고의 사진 설명은 "산비탈 아래서 쉬고 있는 겨울 밭이랑" 식이었다. 하지만 손질된 설명문은 그 자체로 읽는 맛이 있다. "휴지기를 맞아 쉬고 있는 산비탈 아래의 겨울 밭이랑입니다. 팥 시루떡을 잘라 놓은 것 같습니다. 문명 이전, 미술의 기초인 선 긋기가 여기서부터 시작되지 않았을까요?"

넷째, 적당한 위치에 감각적이고 흥미로운 소제목을 붙일 것을 제안했다. 소제목은 원고에 대한 독자의 주목도와 독서의 성취감을 높여주기 위한 장치다. 내용을 압축한 감각적인 소제목들은 독자의 구미를 자극한다. 소제목의 부재는 독자에 대한 무례이자 담당 편집자의 직무 유기다.

다섯째, 꼭지마다 4~5장 정도의 도판을 준비해달라고 했다. 저자는 '작품도판'과 '사진도판'을 보내왔다. 풍경사진은 고맙게도 전문사진가(정인영)의 작품이었다. 이 책의 화보가 돋보이는 건 전적으로 사진가의 고화질 풍경사진 덕분이다. 사실 이 책의 컨셉트는 화가들의 작품과 유사한 풍경을 서로 비교하는 가운데, 미술과 현실의 밀접한 관계를 보여주는 데 있다. 하지만 작품의 도판저작권이 걸림돌이었다. 다행히 사진가의 사진과 일부 작가의 작품은 저자가 해결했고,

나머지는 도판저작권 사용료를 지불했다. 수록된 도판은 풍경과 작품을 합쳐서 평균 5컷 내외다.

　여섯째, 각 부의 뒤쪽에 넣을 팁을 부탁했다. 팁의 내용은 엄마가 아이와 함께 작업해볼 만한 것이나 저자의 작업을 소개하는 것으로 주문하고, 제작과정이나 결과물을 찍은 도판도 함께 달라고 했다. '아이들의 갤러리'라는 꼭지명 아래 「물감에 풍덩 빠져보기」(1부), 「만들기 숙제는 엄마들의 솜씨?」(2부), 「아이들이 꿈꾸는 세상」(3부), 「사물을 자세히 관찰하면 그림이 보여요」(4부)로 구성된 팁은 이 책이 지닌 매력적인 요소가 되었다.

제목과 홍보 컨셉트 ········ 책 제목과 홍보 컨셉트, 뒤표지 카피는 연장선상에 있다. 제목은 연재 당시 제목인 '아이야, 화랑 가자'를 버리고 '세상은 놀라운 미술선생님'으로 잡았다. "나뭇잎 한 장, 길가에 버려진 깡통 한 개가 무엇인가에 쓸모가 있다는 것을 아는 아이라면 자연을 소중하게 생각할 테고 자연을 소중하게 여기는 아이라면 세상을, 소외된 이웃을 사랑하게 됩니다"라는 「머리글」에서 착안한 제목이다. 홍보 컨셉트 역시 같은 맥락을 타게 했다. 아이가 자연에서 미술을 배우는 것은 단순히 미술을 배우는 차원이 아니라 미술로 세상을 사랑하는 법을 체득하는 과정이라고 말이다. 다시 이런 내용을 압축하여 뒤표지 카피를 뽑았다. "소중한 내 아이에게 가르쳐주세요! 그림으로 세상을 사랑하는 법."

다시 살린 절판도서들

서가에서 사라진 미술책들 ········· 쥐구멍에만 볕들 날이 있어서는 안 된다. 절판도서에도 새 생명의 빛이 필요하다. 아트북스의 책 중에는 절판의 사지에서 구해낸 것들이 여럿 있다. 『예술혼을 사르다 간 사람들』『아름다움을 보는 눈』『피카소의 성공과 실패』『현대미술의 상실』『최초의 현대 화가들』이 대표적이다. 1980년대에 읽었던 미술책 중에 절판된 책을 '닦고 조이고 기름칠'해서 새 생명을 준 것들이다. 앞의 두 권은 국내 저자의 책이고, 뒤의 세 권은 번역서다.

　한동안 이 책들이 서가에서 사라진 데는 그만한 이유가 있다. 첫째, 저작권법 발효에 따른 절판이다. 『피카소의 성공과 실패』미진사와 『현대미술의 상실』열화당은 1997년 저작권법이 발동되면서 당시 국내 출판사에서 정식으로 소유권(저작권)을 확보하지 않은 탓에 방치돼 있었다. 『최초의 현대 화가들』신도출판사도 같은 처지였다.

　둘째, 독자층의 변화다. 대략 90년대 중반까지 미술책의 주요 독자층은 미술대학 학생이었다. 따라서 교재 성격의 근엄한 책들이 서가를 채웠다. 그런데 90년대 중후반부터 미술계의 지형이 달라졌다. 1995년 광주비엔날레를 필두로 크고 작은 미술행사에 일반인의 참여가 눈에 띄게 늘었다. 미술출판에도 변화가 생기기 시작했다. 주요 독자가 미술을 공부하는 학생에서 일반인으로 이동하는 현상이 나타났다. 일반인의 미적 향수욕을 겨냥한 책들이 속속 출간되었고, 교재 성격의 무뚝뚝한 미술책은 뒷전으로 밀려났다.

셋째, 편집의 질적 차이다. 영상매체에 노출된 독자의 세련된 감각을 고려하면, 흑백의 미술책이 외면받은 것은 당연한 결과다. 독자의 감각에 맞춰 책도 변했다. 판형도 커지고 제작비 절감 차원에서 흑백으로 사용하던 도판은 컬러로 교체되었다. 누락된 원문을 살리고 번역도 다시 했다. 독자의 눈높이가 책의 체형과 체질을 바꾼 셈이다. 미술책이 괄목할 만큼 화려해졌다.

넷째, 때를 잘못 만났다. 책이 너무 일찍 나왔던 것이다. 미술책 수요층이 제대로 형성되지 않은 상태에서 출간되는 바람에 제대로 대접 받지 못했다. 그런 구간들이 지금과 같은 독서 환경에서 출간되었다면 어느 정도 장밋빛 반응을 기대해도 좋았을 것이다. 둘러보면 때를 잘못 만나 불행해진 책이 한둘이 아니다. 독자의 반응이 좋았던 다카시나 슈지의 『명화를 보는 눈』눌와, 2002도 2000년대 들어서 진가를 인정받은 경우다(이 책은 80년대 초반 미술평론가 오광수가 번역한 바 있다).

재출간 작업 과정은 비슷하다. 다시 번역하기, 새로운 원고 추가하기, 도판 보강하기, 판형 변경과 편집 다시하기 등이다. 『피카소의 성공과 실패』『최초의 현대 화가들』은 새롭게 번역했고, 『아름다움을 보는 눈』에는 새 원고를 추가했다. 다섯 종 모두 판형과 편집을 새로 하되 『피카소의 성공과 실패』를 제외하고는 도판도 흑백에서 컬러로 바꾸었다.

우리의 화가와 우리의 문화 ········ 이석우의 『예술혼을 사르다 간 사람들』은 불꽃 같은 생을 살다간 화가 13명의 삶과 예술세계를 다룬 책이다. 손상기, 오윤, 최욱경, 박길웅, 하인두, 박항섭, 권진규, 양수아, 박래현, 박수근, 김환기, 박생광, 이응노가 그들이다. 자료에 기초한 엄정한 시각과 당시 생존했던 작가들과의 인터뷰, 한때 화가지망생이었던 저자의 열정이 어우러져 묵직한 감동을 준다. 이 책은 1988년 가나아트에서 처음 출간되었다. 지금은 폐간된 격월간 미술 전문지 〈가나아트〉를 발행하던 잡지사에서 낸 단행본이었다. 미술책으로는 드물게 2쇄를 찍었다.

90년대 후반, 가나아트가 미술 단행본 출판사업을 접으면서 이 책도 서가에서 추방되었다. 나는 저자를 수소문하여 재출간 의사를 비쳤다. 아울러 예전과 달리 도판저작권 문제를 해결하는 일이 선결과제임을 알려주었다. 저자는 최대한 자신이 해결해보겠다고 했고, 나도 저작권자를 찾아 나섰다. 저작권자를 찾고 서류를 보내는 데 많은 시간이 걸렸다.

그러면서 확인한 것은 국내 작가들의 '예술 저작권'이 주먹구구식으로 운용된다는 점이다. 저작권을 대행하는 갤러리나 미술관에도 체계가 잡혀 있지 않았다. 외국처럼 크기, 색상 등에 따라 세세하게 차등화하거나 정해진 가격대가 없었다. 심지어 저작권이 뭔지 모르는 유족도 있었다. 일부 도

새롭다고 다 좋은 것은 아니다. 양서는 구간 중에도 얼마든지 있다. 독자층이 형성되지 않은 시절에 출간되었다가 불행히 절판의 족쇄를 찼을 수도 있다. 새 원고를 발굴하듯이 구간 발굴에도 적극 눈을 돌릴 필요가 있다.

판은 협조를 구하고 나머지는 저작권료를 지불했다. 책에 수록된 도판의 양이 고르지 않은 것은 도판저작권 사용료의 가격 차이 때문이다. 도판저작권 사용료가 비싼 작가의 작품은 정해진 비용 안에서 최소한으로 사용했다. 글은 원형대로 수록하되 애매한 부분은 저자에게 확인해서 수정을 받았다. 또 도판을 스캔 받기 위한 자료(도록)는 저자가 제공하거나 유족이 협조해주었다. 그래도 구하지 못한 것은 내가 가진 도록을 사용하거나 헌책방을 뒤져 구했다.

판형도 국판 변형에서 사륙배판 변형으로 키웠다. 표지에는 도판저작권료가 무서워 작가들의 얼굴을 사용했다. 디자이너는 제목의 이미지를 그대로 살렸다. '예술혼을 사르다'라는 말에서 힌트를 얻어 종이 중앙을 불에 태운 듯한 효과를 내고, 그 사이에 화가들의 얼굴을 세로로 배치했다. 그럴싸했다. 예술혼을 사른 예술가들을 시각화한 셈이다.

홍사중의 『아름다움을 보는 눈』은 우리의 전통적인 미의식에서 끄집어낸 '한국인의 미의식'을 살펴보는 책이다. 불상, 동양화, 정원, 문양, 고목기, 도예, 꽃병, 국밥 환경, 미술 등 전통문화재와 생활문화, 물건들을 통해 한국인의 심층에 잠재한 미의식의 실체를 찾아준다. 이 책은 1982년 『한국인의 미의식』전예원이라는 제목으로 출간된 적이 있다. 여기에 새로운 글과 컬러 도판을 대폭 보완했다. 그래서 부제를 '다시 찾은 한국인의 미의식'으로 잡았다.

이 책이 눈에 띄기까지 과정이 흥미롭다. 2005년 어느 날 80년대의 〈계간미술〉을 뒤적이다가 「아름다움을 보는 눈」이라는 칼럼을 발견했다. 당시에 흥미롭게 읽었던 연재 칼럼이었다. 묶어서 책으로 내면 어떨까 하는 생각이 들었다. 그러다가 한 헌책방에서 우연히 이 칼럼을 묶은 단행본을 만났다. 횡재한 심정이었다. 인터넷으로 조회해보니 목록에는 있으나 책은 없었다. 나는 저자를 찾아서 출간의사를 밝혔다. 기존의 원고를 바탕으로 저자가 써둔 칼럼 중에서 미의식과 관련된 것들을 추가했다. 시의성이 떨어지는 원고는 수정을 부탁했다. 담당편집자에게는 전예원 판에 없는 관련 도판을 컬러로 넣으라고 했다. 『아름다움을 보는 눈』은 한국출판문화진흥재단 선정 '2006 올해의 청소년도서'에 선정되었다.

나를 매혹시킨 번역서들 ········· 존 버거의 『피카소의 성공과 실패』는 화가이자 자연인인 피카소의 삶과 미술을 비판적으로 조명한 책이다. 저자는 '20세기의 가장 위대한 미술서'라 평가받는 『보는 방법Ways of Seeing』『이미지-시각과 미디어』, 동문선과 사진 관련서, 소설 등으로 국내에도 잘 알려졌다.

2000년대에 들어서는 이 책을 서점에서 볼 수 없었다. 역시나 저작권법 시행에 발목이 잡혀 절판된 상태였다. 에이전시에 저작권 생존 여부를 확인해보았다. 어렵게 존 버거의 부인과 연락이 닿아서 계약을 했다. 1984년 처음으로 책(미진사 판)을 번역했던 김윤수에게 연락을 했는데 부재 중이었다. 그러다가 담당편집자가 다른 원고 건으로 박홍규 교수와 대화 중에 이 책을 언급했다. 박 교수는 미진사 판은 읽기 쉽지 않고, 증보판에서 추가된 내용이 빠졌다고 했다. 듣고 보니 평전을 써도 될 만큼, 그는 '존 버거 박사'였다. 번역은 박 교수에게 맡기기로 했다.

재번역용 원서는 1987년에 나온 증보판을 사용했다(미진사 판은 1965년에 출간된 초판을 번역한 것으로, 전체 2장으로 구성되었다). 총 3장으로, 초판에 비해 한 장이 추가되었다. 그리고 책 뒤에 존 버거의 학문적 성과와 한계를 짚은 긴 글(「20세기의 르네상스인 존 버거」)을 덧붙였다. 이렇게 해서 완전번역본을 출간하게 되었다. 책은 양장본으로 만들었다. 뜻있는 독자들이 필독서로 적극 추천했지만 판매 속도는 느렸다.

다카시나 슈지의 『최초의 현대 화가들』도 누락된 원고를 추가하여 펴낸 책이다. 현대미술의 지평을 연 12인의 예술가들을 소개하되, 대표적인 작품 한 점을 통해 작가들의 내면세계와 현대미술의 다양한 면을 들여다본 역작이다. 파블로 피카소, 폴 세잔, 르네 마그리트 등을 비롯하여 움베르토 보초니, 에밀 놀데, 콘스탄틴 브랑쿠시 등의 예술가들을 한꺼번에 만날 수 있다.

번역서를 처음 발견한 것은 부모님이 계신 시골집에서였다. 방 안 가득 꽂힌 오래된 책들을 뒤적이다가 신도출판사에서 출간된 책을 찾아냈다. 『현대를 개척한 미술가』1981. '신도미술문고4'. 다시 읽어도 역시 '물건'이었다. 저자를 보니, 내가 『명화를 보는 눈』을 통해 반한 다카시나 슈지였다. 미술에 관한 해박한 설명은 흔치 않은 경지였다. 이 책도 그랬다. 그런데 신도출판사 판에 수록된 작가는 11명이었다. 피카소가 빠져 있었다. 짚이는 구석이 있었다. 피카소는 한때 공산당 당원이었다. 국가보안법이 엄존하던 시절이었던 만큼 역자나 출판사가 알아서 뺀 것으로 보였다. 재출간하면서 피카소도 살리고, 번역도 다른 역자한테 맡겼다.

톰 울프의 『현대미술의 상실』은 1945년에서 75년까지 미국 현대미술의 동향을 다룬 책이다. 미국사회의 예리한 관찰자이자 저널리스트인 톰 울프는 현장에서 체험한 현대미술의 태동과정을 생중계하듯이 일목요연하게 보여준다. 이 책은 80년대에 모더니즘 계열의 국내 작가와 대학생에게 길을 밝혀준 '복음서'였다. 고흐나 이중섭이 '역할모델'이었던 학생들에게 현대미술은 상식적인 접근을 허용하지 않는 난수표였다. 그때 외래어를 배우듯이 이 책을 마르고 닳도록 읽었다.

아트북스를 시작할 무렵 『현대미술의 상실』은 절판된 상태였다. 편집자에게 열화당 측에 연락해서 이 책을 정식으로 출간할 계획인지 알아보라고 했다. 만약 열화당이 재출간한다면 포기할 생각이었다. 그 책의 세례를 받은 사람으로서, 『현대미술의 상실』은 열화당'열화당 미술문고101' 것이어야 한다는 생각 때문이었다. 열화당에서 출간할 의사가 있는 듯했다. 아쉬웠지만 마음을 접었다. 몇 달이 흘렀다. 우연히 에이전시를 통해 열화당이 이 책의 저작권을 문의하지 않았다는 사실을 알게 되었다. 나는 열화당이 포기한 것으로 판단하고, 저작권을 확보하라고 지시했다. 같은 미술출판사로서 열화당에 기본적인 예를 다한 만큼, 그쪽에서 포기했다면 다음은 우리 차례였다. 원서는 흑백의 페이퍼백이었다. 그래서 도판도 컬러로 챙겨 넣고 판형도 약간 키웠다. 편집은 시각적으로 보기 편하게 했다.

그 밖에도 강홍구의 『미술관 밖의 미술이야기』(전2권)는 『그림 속으로 난 길』과 『원작 없는 그림들』로, 수화 김환기 평전 『어디서 무엇이 되어 다시 만나랴』는 같은 제목으로 새롭게 독자와의 만남을 주선했다. 지금도 몇몇 구간이 오랜 절판의 징역살이를 마감하고 '출감'을 기다리고 있다.

'새롭다'고 다 좋은 것은 아니다. 양서는 구간 중에도 얼마든지 있다. 독자층이 형성되지 않은 시절에 출간되었다가 불행히 절판의 족쇄를 찼을 수도 있다. 새 원고를 발굴하듯이 구간 발굴에도 적극 눈을 돌릴 필요가 있다. 구간은 일단 시장의 검증을 거친 책이다. 어떤 책이 재출간되었다면, 내용 면에서 인정받았음을 의미한다. 좋은 책은 세월의 파괴력을 견뎌내고, 새 독자와 호흡한다. "날자, 날자, 날자, 다시 한 번만 더 날자구나" 절판도서야.

우리 미술출판의 안쪽

지금까지 아트북스의 책을 중심으로 미술 대중서의 기획과 편집 과정을 복기해보았다. 모두 20종 22권을 소개했다. 한 권에 평균 1회를 기준으로 삼되, 때로는 2회, 4회 연속으로 다루었다. 그런 가운데 전문적인 내용을 맛깔스럽게 풀어주는 중간저자와 도판저작권 문제, 머리말과 도판 설명의 텍스트화, 쉬어가는 페이지(팁)의 역할, 제목과 표4 문안 작성 등을 언급했다. 이제 하차할 시점이다. 소개한 책들보다 소개하지 못한 책들이 훨씬 더 많다. 개인적으로 이번 기회를 통해 지난 책들을 돌아보게 된 것은 큰 행운이었다. 욕심을 부리자면, 이 어눌한 글들이 미술 대중서를 기획하거나 감상하는 데 조금이나마 도움이 되었기를 바랄 뿐이다. 마지막으로, 직접적인 책 이야기보다 내가 접한 국내 미술출판의 몇몇 단면을 간략히 정리해볼까 한다.

미술책의 진화 ········ 먼저 국내 미술책이 독자와 관계를 맺어온 방식부터 단순화해보자. 첫째, 미술은 미술인의 것이다. 옛날에는 그랬다. 이미 다른 자리에서 언급했듯이 당시 미술책의 독자는 미대생(미술대학 학생)이었다. 독자층이 세분화되어 있지 않아서 일반인을 위한 미술책이 따로 없었다고 해도 과언이 아니다. 미술에 관한 궁금증이 생기면 미대생이 보는 책을 함께 봐야만 했다. 문제는 내용이 전문적이라는 점이다. 이해하기 쉽지 않았다. 자연히 '미술=어려운 것'이라는 인식이 확산되었다. 전문적인 미술책은 독자가 미술계에 유통되는 전문용어를 공유하고 있다는 전제 아래 씌어진다. 전문용어에 어두운 일반 독자가 그 세계에 진입하기 위해서는 일정한 고통을 감수해야 한다. 물론 미술계에서는 끊임없이 '미술의 대중화'를 부르짖었다. 하지만 미술인의 입장에서 미술을 보여주는 소극적인 실천에 머물렀다. 독자와 관람객의 소외감은 결코 해소되지 않았다. 전문적인 미술책의 '독재치하'에서 대중적인 미술책은 가뭄에 콩 나듯이 나왔다.

둘째, 미술은 모든 사람의 것이다. 대략 90년대 중후반부터 이런 인식이 출판 형태로도 두드러졌다. 미술을 미술인 중심으로 생각하면 미술의 대중화는 요원하다. 독자 중심으로 생각을 바꿔야 한다. 부단히 독자의 입장에 서서 미술을 어떻게 풀어낼 것인가 고민이 필요하다. 예컨대 독자가 잘 아는 인접분야를 통해 미술을 이야기하는 것도 한 방법이다. 미술은 도처에 있다. 미술사 속의 미술에만 매달리면 돌파구가 없다. 영화와 미술, 패션과 미술, 광고와 미술, 여행과 미술 식으로 우리 곁의 미술에 주목하고 미술이 누구나 즐길 수 있는 '공공재'임을 깨닫게 해야 한다.

또 독자가 미술의 필요성을 느끼게 할 필요가 있다. 출판을 통해 독자에게 미술의 필요성을 알리는 방법은 두 가지가 있다. 하나는 미술을 활용한 실용서다. 해외여행의 자유화와 주5일 근무 등의 사회 분위기를 타고, 미술을 국내외 현장에서 직접 감상하는 인구가 늘고 있다. 따라서 이런 현실을 고려한 책들이 꾸준히 느는 추세다. 대부분 '미술교양+여행' 형식으로 구성된다. 그 선두주자가 『50일간의 유럽미술관체험』이주헌, 학고재이 되겠다. 또 다른 실용서로는 미술시장의 활성화와 연관된 아트재테크 관련서들이 있다. 『그림쇼핑2』이규현, 아트북스, 『돈이 되는 미술』김순응, 학고재, 『열정의 컬렉팅』박현주, 살림 등이 그것. 이는 미술품을 재테크의 수단으로 보기 시작하면서 나타난 현상이다.

이들 실용서가 현실과 직접 맞물려 있다면, 이와 달리 간접적인 연관성을 지닌 실용서도 있다. 미술로 하는 자기계발과 심리치유 에세이다. 전자의 대표적인 책이 이명옥의 『그림 읽는 CEO』, 이주헌의 『리더를 위한 창의력 발전소』 등이 되겠고, 후자는 이주은의 『그림에, 마음을 놓다』, 김홍기의 『하하미술관』 등이 되겠다. 이런 책은 삶의 현실보다 사람들의 마음과 관계한다. 그러면서 미술로 창의력 계발과 심리치유가 얼마든지 가능하다는 사실을 알려준다. 미술도 배우고 창의력도 일깨우고 심리치유도 하는 일거양득인 셈이다.

이처럼 국내 미술출판의 흐름은 위의 '첫째'에서 '둘째'로 변해왔다. 미술인 중심에서 일반 독자 중심으로. 사회변화와 더불어 미술출판도 달라지고 있다. 일반인이 수요의 전면에 나서기 시작했다. 특히 2000년대 들어서는 미술계가 지난 수십 년간 보여준 변화와 확연히 구별될 만큼 변화의 폭이 크다. 이런 변화는 '미술의 대중화'를 넘어 서서히 '미술의 생활화'로 이어질 추세다. 미술은 이미 시각문화의 하나로 생활 곳곳에 존재한다. 사람들이 그것을 인지하지 못하고, 향유하지 못할 뿐이다. 기획자는 이런 현실을 놓쳐서는 안 된다. 독자가 생활 속에서 미술의 참맛을 즐길 수 있게 기획의 촉각을 곤두세워야 한다.

미술출판과 기획자 ……… 미술책을 만드는 기획자의 유형은 두 가지로 정리할 수 있다. 미술을 전공하지 않은 단행본 기획자와 미술을 전공한 단행본 기획자가 그것. 둘 다 장단점이 있다.

첫 번째 유형, 미술을 전공하지 않은 단행본 기획자다. 미술출판 쪽에 몸을 담고 있는 대부분의 기획자가 여기에 해당할 것이다. 미술에 대한 일정량의 교양을 원료 삼아 기획을 한다. 교양만으로도 얼마든지 쌈박한 기획을 할 수 있다. 그런데 전문지식이 부족하면 저자를 컨트롤하고 원고를 검토하는 데 문제가 될 수 있다. 또 교양이 한계에 이르면, 정작 '샘이 깊은 미술'을 보지도 못하고 더 이상 퍼낼 물이 없다는 섣부른 판단으로 기획을 접을 수도 있다. 반면, 장점도 있다. 미술의 대중화라는 슬로건에 걸맞게 일반인의 입장에 설 수 있다. 또 기존의 미술책 스타일에 물들지 않아서 새로운 형식을 시도할 수 있다. 틈틈이 미술 일반과 국내외 미술계의 동향에 대한 관심의 끈을 놓지 않는다면 충분히 대어를 낚을 수 있다. 대중서 기획에선 해당분야의 전문성 못지않게 현실에 밀착된 시각이 중요하기 때문이다.

두 번째 유형, 미술을 전공한 단행본 기획자다. 미술을 전공한 편집·기획자는 출판계에 흔치 않다. 전공자는 미술의 안쪽에 밝은 사람이므로 정보량이 풍부하다. 대중적인 감각의 기획력만 있다면, 얼마든지 싱싱한 기획을 선보일 수 있다. 단점은 모든 전공 기획자가 피해갈 수 없는 부분인데, 전공자로서 미술에만 주목하다보면 전문서에 가까운 기획물을 양산할 가능성이 크다. 또 자신이 접해온 기존의 엄숙한 미술책 스타일에서 벗어나지 못할 수도 있다. 이때는 미술 분야 바깥으로 눈길을 돌려서 다른 분야의 기획을 벤치마킹해보는 것도 생산적인 돌파구가 된다. 다른 분야의 장점을 활용하면 새로운 형식의 미술책을 기획할 수도 있다. 만약 미술전공 기획자가 없다면 어떻게 해야 할까? 한가지 대안으로 미술이론 전공자를 기획위원으로 모시는 방법이 있다. 다만 이런 경우에는, 그들을 컨트롤하며 대중서를 진행할 만한 내부의 기획·편집자가 있어야 한다. 그들의 기획에 대중적인 전략을 가미하지 못하면 여전히 미술인위주의 근엄한 책이 양산될 가능성이 높다.

미술출판과 저자 ········ 미술출판과 저자의 문제는 미술출판과 기획자의 문제와 연관되어 있다. 미술 애호가나 미술이론 전공자들은 책을 내고 싶어도 길을 모른다. 출판사에 어떻게 접근해야 하는지, 어떤 출판사가 자기 원고와 어울리는지, 글쓰기는 어떤 식으로 해야 하는지, 도판저작권 사용 문제는 어떻게 해결해야 하는지 등에 어둡다. 학교에서도 알려주지 않는다. 스스로 부딪혀서 배우는 수밖에 없다. 이론전공자들이 출판에 어둡다면, 기획자는 미술계에 어떤 저자가 있는지 모른다. 그러다 보니 새로운 저자가 책을 내면 일제히 주목하게 된다. 그러면서 책의 내용과 글쓰기 등을 꼼꼼히 검토한다. 함께 작업할 수 있을지 여부를 판단하는 것이다. 저자가 절대적으로 부족하기 때문에 빚어지는 현상이다.

미술이론 전공자들의 문제도 있다. 그들은 학회를 중심으로 활동한다. 고고한 예술의 산정에 둥지를 튼 채, 미술에 몽매한 '속세'를 멀리한다. 자기들끼리 연구업적을 공유하며 안분지족한다. 논문작업이 유일한 존재이유다. 지도교수와 동료들의 눈치가 무서워서 대중서 집필은 하고 싶어도 못 한다. 안타까운 현실이다. 미술의 생존을 위해서라도 하루빨리 속세를 껴안아야 한다.

미술출판과 도판저작권 ········ 미술출판의 가장 큰 부담은 도판저작권 사용료다. 일반 제작비에 추가되는 것이어서 부담이 가중될 수밖에 없다. 게다가 제작비를 아낀다고 도판이 중요한 미술책을 그림 없는 그림책으로 만들거나 흑백으로 낼 수도 없다. 미술책은 독자층이 넓은 것도 아니다. 울며 겨자 먹기가 될 수밖에 없다.

"저작권 사용료는 각 작품의 사용처(표지냐 내지냐), 크기(한 페이지냐, 1/2 페이지냐), 작품의 색상(흑백이냐 컬러냐), 작품의 형식(입체냐 평면이냐), 작가의 등급, 발행부수 등"에 따라 각각 액수가 달라진다. "입체작품의 경우에는 원작에 대한 저작권료 외에도 입체물을 찍은 사진작가에 대한 저작권료가 추가됨으로써"(「그림 없는 그림책」) 한 작품당 사용료가 크게 늘어난다. 호환마마보다 무서운 것이 도판저작권 사용료다.

　그래서 나온 고육책이 있다. 가능하면 현대미술 작가나 작품을 아예 다루지 않거나 덜 다루는 것이다. 1957년 이전에 사망한 작가들은 도판저작권 문제에 해당되지 않는다. 인상파나 19세기 이전의 미술을 다룬 책이 많은 이유도 여기에 있다. 이런 기형적인 출판 환경은 독자들에게 동시대와 호흡하는 현대미술의 동향을 따라잡지 못하게 하고, 독자로 하여금 미술 하면 인상파나 그 이전의 평면작업이 전부인 양 생각하게 만드는 그릇된 인식을 낳는다. 책을 통해서 현대미술과 접촉하고자 해도 출판이 되지 않는 상황에서는 특별한 갈증 해결책이 없다.

　도판저작권 사용료에 관해서 해외의 경우는 체계가 잡혀 있다. 국내는 그렇지 않다. 크기, 매체, 색상 등에 따라 차등화된 기준이 없고, 사용료도 작가마다 제각각이다. 결국 기획에 따르는 예산을 책정하기가 어려워진다. 독자층이 얇은 국내 미술출판의 현실을 감안한, 체계화된 도판저작권 사용료 기준 마련이 시급하다.

미술출판과 단행본 ········· 국내 미술출판의 현실을 파악하려면, 우선 기형적인 미술출판의 생리부터 알 필요가 있다. 도판으로나마 작가들의 작품을 감상할 수 있는 것이 화집이다. 실물을 볼 수 없는 독자들은 차선책으로 화집에 의지해서 한 작가의 작품세계를 감상할 수 있다. 가까운 일본만 해도 화집은 수요가 있다. 실제 작품을 보고 싶은 사람들은 작가의 전시장에 가고, 간접적으로나마 작품을 접하고 싶으면 화집을 구입한다. 또 화집의 주인공인 작가의 생애나 미술동향에 대한 전반적인 정보가 궁금하면, 도판이 흑백으로 실린 대중적인 미술책을 찾는다. 컬러풀한 미술책만 접하던 우리 독자는 컬러가 쪽 빠진 일본의 미술책을 대하면 적잖이 당황한다. 그런데 그 이면에는 '보는' 화집 문화가 뒷받침되어 있는 것이다.

우리나라는 어떤가? 화집 독자층이 형성되어 있지 않다. 아니 아예 독자가 없다고 해도 과언이 아니다. 작가나 유족이 자비로 출판하는 화집은 독자를 염두에 두고 출판했다기보다 작가 개인의 작품 정리 성격이 강해서 판매와는 거리가 있다. 서양 작가들의 화집도 판매가 저조하기는 마찬가지다(그래도 우리 작가들의 화집보다는 수요가 있다).

이런 현실은, 미술책이 글과 그림을 함께 공급해야 하는 특수한 상황을 낳는다. 즉 단행본이 화집의 역할을 겸해야 하는 것이다. 그러다 보니 고급 지질에 컬러 도판이 가득한 단행본이 미술책 출판의 일반적인 형태로 자리를 잡는다. 우리의 대중적인 미술책은 '화집＋이론서'가 한 권에 담겨서 정착된 형식이라고 할 수 있다.

미술출판과 독자 ⋯⋯⋯ 미술책의 독자는 크게 전문적인 독자와 대중적인 독자로 나눌 수 있다. 미술을 전공한 이들이 전문적인 독자라면 대중적인 독자는 폭넓은 문화적 마인드를 가지고 미술뿐만 아니라 예술 전반에 걸쳐 관심을 보이는 사람들이다. 대략 90년대 중후반부터 우리 미술출판 시장에서 두드러진 현상 하나가 바로 소프트한 미술책들의 약진이다. 미술이론으로 중무장한 건조한 책들 사이에서 감성적으로 조형된 소프트한 책들이 출판 지형을 새롭게 짜왔다.

그런데 특기할 만한 점이 있다. 말랑말랑한 미술 대중서의 대부분이 열화당, 미진사, 시공사, 학고재 같은 미술전문출판사가 아니라 인문교양서를 내는 출판사에서 기획 출간되고 있다는 점이다. 인문교양서를 내는 출판사에서 미술책은 주요 품목이 아니다. 다양한 출간도서 중 하나일 뿐이다. 그래서 미술전문출판사들과 다른 시각으로 미술에 접근한다. 일반 에세이집이나 시집을 만들듯이 미술책을 편집하고 디자인한다. 그래서 미술전문출판사와는 다른 시각과 감각으로 대중의 요구에 부응하는 부드러운 책을 기획할 수 있었던 것 같다.

책은 읽는 매체이기도 하지만 체험하는 매체이기도 하다. 도판이 생명인 미술책은 더욱 그러하다. 놀라운 시각적 체험으로 미술을 향유할 수 있게 해준다. 앞으로 미술책 수요는 꾸준히 늘어날 것이다. 잠재독자를 깨우기 위한 대중과 밀착된 새로운 감각의 기획이 절실하다. 참신한 기획만이 살 길이다.

※ 이 글에서 '미술출판과 도판저작권' '미술출판 단행본' '미술출판과 독자'는 졸고 「미술의 대중화와 우리 미술출판의 과제」를 다듬고 고친 내용임을 밝힌다. 일부는 앞의 「호랑이보다 무서운 '미술저작권' 사용료」에서 소개한 바 있다.

'나' 혹은 '나는'이 주어인 글들이 있다. 글의 주어가 익명의 '필자'가 아니라 글 쓴이가 전면에 나서는 글들 말이다. 문학평론가 김현, 도올 김용옥, 시인 황지우, 소설가 김훈 등의 글은 오래전부터 주어가 '나'였다.

나는 학창시절부터 일인칭 주어를 사용한 글에 매료되었다. 객관화된 글에서는 좀체 느낄 수 없는 저자에 대한 관심 때문이다. 사람들이 연예인들의 사생활에 관심을 갖듯이 어느 순간부터 저자의 인간적인 면모가 궁금해졌다. 이성에게 반하면 한번쯤 만나보고 싶은 것처럼. 저자의 체취가 느껴지는 일인칭 주어의 글들을 탐닉했다. 책 읽기의 행복을 가르쳐준 김현의 평론과 명징한 언어감각이 빛나는 황지우의 산문에 매혹되었던 것도 그들의 자기노출이 크게 작용했다. 가슴을 먹먹하게 만든 김훈의 아찔한 문장도 그랬다. 도올 김용옥의 책과 미간행 원고를 고집스럽게 찾아 읽었던 것도 그 때문이다.

미술잡지의 편집장이었을 때도, 객관성을 중시하는 기사에서 기자들의 자기노출을 적극 허용했다. 기자의 체취가 살아있는 글을 통해 읽는 즐거움을 만끽하게 해주고 싶었다. 단행본을 기획할 때도 마찬가지였다. 저자들에게 가능한 한 '나'를 적극 드러내달라고 주문했다. 그렇다고 모든 원고에 그렇게 한 것은 아니다. 대중적인 원고에서만 그랬다. 특히 가능성 있는 초보저자일 경우 사적인 이야기로 독자에게 저자를 각인시키고, 생소한 내용일 경우 저자에 대한 관심으로 내용을 완독하게 만들기 위해서였다.

지금은 일인칭 주어로 된 글들이 넘친다. 일부러 그런 글을 찾지 않아도 쉽게 눈에 띈다. 그만큼 세상이 밝아졌다.

217

익명의 '필자'에서 '나'의 이야기로 ········ 2000년대 들어서, 특히 2007년 이후로 '나'의 이야기를 담은 책들이 '갈 봄 여름 없이' 피어났다. 각종 여행에세이와 단상 형식의 에세이가 대표적이다. 이런 책들은 낯선 사진이나 서정적인 일러스트레이션 등의 시각 이미지를 곁들여서 보는 즐거움을 더해준다.

이는 분명 90년대와는 다른 스타일이다. 과거의 책들은 흑백의 글 중심이었다. '필자'는 자기체취를 숨기고 객관적인 포즈를 취했다. 거대한 이념과 집단적인 가치에 대한 헌신이 미덕이었던 7,80년대에 자기노출은 자칫 경망스럽게 보일 수 있었다. 개인은 집단의 일부였고, 개인의 발언도 집단의 가치를 대변하는 것에 가까웠다. 글쟁이들은 '필자'라는 익명성 뒤에 숨어서 발언했다. 내용도 독자의 몽매를 깨우는 계몽적인 경향이 강했다.

하지만 동유럽 현실사회주의의 붕괴와 더불어 시작된 90년대는 달랐다. 거대담론에 묻혔던 개인과 일상이 부각되기 시작했다. 비로소 개인의 생각과 표현에 서광이 비쳤다. 사소한 이야기들이 관심을 모으고, 생활의 자질구레한 요소가 매체의 중심으로 들어왔다. 변화는 정보통신기술의 발달과 더불어 가속화했다. 휴대전화, 인터넷, 노트북 등이 새로운 통신수단으로 등장하면서 생활양식과 감수성이 단기간에 압축적으로 바뀌었다. 그리고 디지털 환경 속에 홈페이지, 블로그 등이 포진해 있다. 이런 매체 덕분에 '나'의 일상이 빛을 보기 시작한다. 여행에세이에도 변화가 생겼다. 공적인 공간을 위주로 한 관광지나 문화유산 등을 소개하던 데서 사적인 세계로 들어섰다. 자기가 좋았던 곳과 느낌을 솔직하게 이야기한다. 저자와 여행지가 생생하게 눈에 잡힌다. 내용이 권위적이지 않고 재미있다.

이런 경향은 90년대 여행에세이와 차이를 보인다. 21세기에 들어서 사진의 비중이 글 이상으로 커졌다. 빼곡한 글보다 사진과 이미지 중심 편집이

득세한다. 유홍준과 한비야로 대표되는 90년대의 여행에세이가 글 중심의 깊이를 추구했다면, 21세기 초의 여행에세이는 이미지 중심의 감각적인 재미를 추구한다.

새로운 미디어가 바꾼 책의 표정 ········· '나'의 체험을 시시콜콜 서술한 책들에 독자는 어떤 반응을 보일까? 지리멸렬하다거나 소모적이라는 반응도 있고, 글이 심각하지 않아서 '대환영'이라는 반응도 있다.

책은 본래 체형과 체질이 유동적이다. 독자의 수요가 책의 형태를 바꾼다. 책은 근엄하기도 하고 그렇지 않기도 하다. 독자층이 어느 쪽이냐에 따라 책의 표정과 운명이 달라진다. 사진의 비중이 큰 에세이가 호황을 이루고, 인터넷이며 휴대전화가 사람들의 감각을 변화시킨다. 책이라고 해서 이런 흐름을 비켜갈 수 없다. 갈수록 책이 화려해진다. 보는 맛이 읽는 맛 못지않다.

이런 변화는 두 가지 배경에서 생각해볼 수 있다. 내적인 배경은 책의 속성에서 찾을 수 있다. 책은 근본적으로 '관음증'적이고 '시각'적이다. 이런 속성에 따라 개인의 사생활과 사진 편집이 강화된 책이 관심을 모은다. 외적인 배경으로는 책을 둘러싸고 있는 급변하는 전자매체의 발달과 사회 환경이 있다. 인터넷과 블로그, 디지털 카메라(디카), 노트북, 배낭여행 등의 일반화가 끼친 영향이다.

먼저 내적인 배경부터 보자. 첫째, 관음증적인 속성은 독자가 책 바깥에서 책 속에 펼쳐진 세계를 훔쳐보며 따라가는 것을 말한다. 마치 텔레비전을 시청하듯이 책 밖에서 안쪽 세계(내용)를 '관음'한다. 이때 저자의 '원맨쇼'가 생생하고 육감적일수록 관음증의 쾌감은 배가 된다. 둘째, 시각적인 속성은 독자가 읽기 편하게 책이 입체적으로 편집되는 것을 말한다. 만약 A4용지에 같은 크기의 서체로 입력된 원고가 있다면, 단조로워서 쉽게 눈의 피로감이 찾아온다. 여기에 섹시한 사진을 더하고 편집디자인으로 원고의 체형을 입체적으로 구성하면 책의 시각적인 속성은 극대화한다. 즉 보고 읽기가 편해진다.

다음으로 외적인 배경은 책이 생산 유통되는 사회 환경을 말한다. 사실 책의 변화에 크게 영향을 끼친 것은 외적인 조건이다. 독자의 감성은 시대의 조류에 따라 변한다. 독자의 변화된 감성에 호소하기 위해 책도 내부시설(내용, 편집디자인 등)을 끊임없이 리모델링한다. 화사한 도판과 일러스트레이션의 적극적인 사용에는 이런 사정이 있다. 영상문화의 발달과 인터넷의 대중화에 따른 홈페이지와 블로그의 확산, 디지털 카메라와 폰카(핸드폰에 내장된 카메라)의 일상화, 해외여행의 자유화 등은 책에도 변화를 가져왔다. 그렇다면 이들의 어떤 면이 변화의 촉매제가 되었을까?

먼저 'MTV'로 상징되는 뮤직비디오의 영향이다. 뮤직비디오는 일정한 스토리보다 간단없이 펼쳐지는 자극적인 이미지가 중심이다. 이는 선형적인 사고방식을 파편적으로 바꿔놓았다. 그래서 처음부터 순차적으로 내용을 보지 않고 아무 때나 아무 곳이나 봐도 된다. 중요한 것은 감각적인 이미지이기 때문이다. 이런 연출방식은 짧은 정보를 단편적으로 나열한 책, 어느 페이지를 펼쳐봐도 되는 책에 대한 독자들의 선호에 무의식적으로 작용한다. 독서는 문장에서 문장으로 서서히 진행된다. 그런데 사진을 곁들인 책은 차례대로 보지 않고, 보고 싶은 페이지부터 보면 된다. 긴 이야기보다 짧은 정보가 연속적으로 편집된 책이, 뮤직비디오 같은 파편화한 편집이, 긴 호흡의 글에 익숙지 않은 젊은 세대의 입맛에 맞는 것이다. 같은 맥락에서 시각적인 쾌감을 주는 텔레비전 광고의 파편적인 영상의 영향도 무시할 수 없다.

그런가 하면 블로그의 영향은 더 크다. 1인 미디어로 통하는 블로그는 개인이 자기 느낌이나 단상, 의견 등을 작성하여 인터넷에 올리는 온라인 일기장 같은 것이다. 한마디로 '원맨쇼'의 장이다. 블로그의 이런 성격은 거창한 이야기보다 사적인 이야기에 주목하게 만든다. 또 블로그는 글쓰기에 대한 두려움을 없애서 누구나 자유로운 표현이 가능해졌다. 그 결과, 자신의 사생활과 생각을 인터넷으로 거리낌 없이 노출할 수 있게 되었다. 직접적인 만남(접촉) 없이도 타인과의 교류가 가능해졌다는 뜻이다.

블로그의 활성화는 디카의 일반화와 함께 이야기되어야 한다. 디카는 사진을 전공한 특수한 사람만이 아니라 전국민을 사진가로 만들었다(디카 촬영법에 관한 실용서가 넘친다). 또한 폰카의 영향도 있다. 블로그는 이런 디카와 폰카의 화려한 지원 덕에 볼거리가 풍성해졌다.

이와 더불어 해외여행의 자유화도 무시할 수 없다. 해외 명소를 여행하면서 겪은 체험이 디카로 저장되고 블로그에 소개된다. 낯선 지역, 낯선 문화가 저자의 체취와 함께 정감어린 풍경으로 거듭난다. 블로거는 '온라인 자서전'이다.

최신 통계에 따르면, 전세계에는 7,000여 만 개의 블로그가 있고, 매일 150만 개의 글이 블로그를 장식하는 것으로 나타났다. 한국인터넷진흥원이 실시한 '2006년 하반기 정보화 실태조사'도 흥미롭다. 국내 인터넷 이용자 가운데 39.6퍼센트가 블로그를 운영 중이라고 한다. 또 한국인 가운데 43퍼센트가 일주일에 평균 1회 이상 블로그를 읽는 것으로 조사되었다. 이 같은 블로그의 상용화에 따라 독자의 관심은 자질구레한 일상사에 집중된다. 그리고 인터넷과 휴대전화를 비롯한 각종 전자기기는 현대인을 혼자 놀 수 있게 만든다. 타인과 교류하지 않더라도 얼마든지 재미있게 시간을 보낼 수 있다. 디지털 환경의 주요 관심사는 개인에게 집중된다. 그래서 전자기기는 혼자 놀기가 재미있는 쪽으로 발전한다. 그럴수록 사람들은 고립되고 인터넷으로 타인을 훔쳐보며 대리만족을 느낀다.

　　매체의 발달은 책의 변화와 연동한다. 짧은 글과 사진으로 무장한 에세이와 블로그의 밀접한 관계가 그렇다. 놀랍게도 그들은 형제처럼 닮았다. 블로그의 일반화가 끼친 영향이다. 즉 블로그의 확산이 독자의 감성에 변화를 초래했고, 그 변화된 감성이 '블로그형 에세이'의 인큐베이터가 된 것이다.

블로그의 원맨쇼와 출판 콘텐츠 ········ 책은 개인적인 매체다. 불특정 다수를 겨냥해 출간되지만, 책을 보고 즐기는 것은 개인이다. 따라서 독자는 저자가 펼치는 이야기를 따라가며 감동하고 생각한다. 이것은 순전히 독자 개개인에게서 일어나는 현상이다.

　　독서의 쾌감에 기여하는 것은 내용뿐이 아니다. 사진, 일러스트 같은 시각적 볼거리와 편집디자인도 영향을 끼친다. 책은 읽는 매체가 아니라 보고 읽는, 체험하는 매체다. 이런 점은 책을 만들 때 편집디자인에도 각별히 신경을 쓰게 한다. 독서를 지루하지 않게 하면서 보는 즐거움을 더해주는 쪽으로 말이다. 사진이 '빵빵한' 각종 에세이류가 특히 그렇다. 이런 책에서 글의 주어는 더 이상 익명의 존재인 '필자'가 아니다. '나'가 전면에 나선다. 개인적인 체험과 느낌에 밀도가 생긴다. 독자는 그것을 훔쳐보며 재미를 만끽한다. 중요한 것은 독자와 일대일로 만나는 '나'다.

　　홈페이지와 블로그 속에 펼쳐진 세상을 떠올려보자. 그것은 분명 자신이 주인공이 되어서 스스로 만들어가는 자기만의 세상이다. 자신이 찍은 사진들을 올리고, 취미와 일상사, 여행기가 중계된다. 네티즌의 주목을 받는다. 반응에서 용기와 위안을 얻는다. 고정 독자가 생긴다. 셈 빠른 출판사 기획자들이

222

주목한다. 블로그 콘텐츠가 종이매체로 출간된다. 대박을 터뜨리는 사례가 속출한다. '블룩^{Blook}'이라는 신조어까지 등장한다. '블로그'와 '책'의 합성어인 '블룩'은 블로그나 개인홈페이지에 실린 글, 사진, 일러스트 등을 출간한 것을 말한다. 초대형 베스트셀러인 『2000원으로 밥상 차리기』를 포함해서 『누가 해도 참 맛있는 나물이네 밥상』 『반나절이면 집이 확 바뀌는 레테의 5만원 인테리어』 등이 대표적인 블룩이다. 감각적이고 실용적인 내용과 싱싱한 볼거리, 독자의 구미에 맞는 글쓰기 등으로 블로그는 독자지향적인 출판 콘텐츠의 '황금어장'으로 기능한다.

블로그형 에세이 ········ 블로그형 에세이는 말 그대로 블로그의 특징을 반영한 책이다. 호흡이 길지 않은 글, 생동감 넘치는 사진, 일인칭 주어를 앞세운 글쓰기, 적극적인 자기노출, 마니아적 취향, 댓글 같은 특징 말이다. 이런 에세이는 다시 두 가지로 나눠볼 수 있다. 블로그의 특징을 직접적으로 이용하는 경우와 간접적으로 이용하는 경우다.

블로그 형식을 책 편집에 그대로 도입한 사례로는 김영하, 이주헌, 김치샐러드 등의 에세이를 들 수 있다. 반면에 블로그의 특징을 단행본에 맞게 편집한 간접 사례로는 '작은 탐닉' 시리즈와 『책 읽는 여자는 위험하다』 『춤 추는 여자는 위험하다』류, 각종 여행에세이를 꼽을 수 있다. 결국 블로그형 에세이는 블로그 콘텐츠를 종이매체로 수평이동시킨 블룩은 물론 블로그 스타일로 제작한 에세이를 포괄한다. 눈 밝은 독자라면 블로그형 에세이에서 블로그의 특징을 확인할 수 있다(블로그형 에세이에 편집된 '팁'은 댓글의 변형으로 볼 수 있다).

이는 블로그가 단행본의 변신에 알게 모르게 영향을 끼쳤음을 말해준다.

책이 독자의 취향을 토대로 기획되는 것이라면, 블로그의 일반화에 따른 독자의 감각 변화는 무시할 수 없는 사항이다.

'작은 탐닉' 시리즈를 보자. 2007년 초 『나는 길고양이에 탐닉한다』로 시작해서 『나는 골목에 탐닉한다』까지 출간된 이 시리즈는 장난감, 길, 아이디어 물건, 부엌, 바닥 등 특이한 취향의 세계를 보여준다. 적은 분량의 글과 도판이 일대일로 구성되고, 각 꼭지가 사진첩의 사진처럼 연속으로 이어진다. 사진 하나에 길지 않은 글 하나, 블로그 스타일이다. 실제로 이 시리즈는 책의 앞날개마다 블로그 주소가 적혀 있다.

2년 연속으로 홈런을 친 배두나의 포토에세이 『두나's 런던놀이』와 『두나's 도쿄놀이』도 마찬가지다. 그가 등장하거나 그가 찍은 사진들은 블로그나 홈페이지에 어울릴 법한 시각자료다. 그것이 연예인의 유명세를 타고 오프라인에서 고공행진을 하고 있다. 『박지윤의 비밀정원』도 실은 블로그 스타일이다. 배두나처럼 요란하지는 않지만 사진과 짧은 글이 단단한 편집디자인 속에서 그 자체로 사유의 공간이 된다. 머무르면서 곰곰이 음미하게 만든다. 배우 엄정화가 38일 동안의 뉴욕 생활을 일기로 엮어낸 『엄정화의 뉴욕일기 38일 107기 NEWYORK』도 같은 맥락에 있다.

이들의 공통점은 자신이 좋아하는 것과 자기 이야기라는 점이다. 지극히 개인적인 세계다. 독자는 모노드라마를 보듯이 그들의 삶을 관람한다. 그곳에서 특별한 정보를 얻으려 하기보다 그들의 놀이를 구경만 하면 된다. 보고 느끼면 되는 것이다. 이와 관련하여 반추해볼 책이 있다. 먼저 김영하의 에세이 『랄랄라하우스』다. 이 책은 싸이월드 미니홈피 형식을 최대한 본문디자인으로 활용하여 눈길을 끌었다. 마치 김영하의 미니홈피를 보는 듯하다. 별도의 댓글과 사진첩까지 마련되어 있다. 그리고 이주헌의 『생각하는 그림들 오늘』

과 『생각하는 그림들 정』은 각 꼭지 끝에 댓글을 덧대서 사족의 재미를 주었고, 김치샐러드의 『그림 보여주는 손가락』은 온라인에 실었던 이야기 전개 방식을 그대로 오프라인화해서 관심을 모았다.

이런 방식의 수평이동이 '직접적'이라면, 블로그 스타일을 '간접적'으로 활용하기도 한다. 간접적이라 함은 길지 않은 글과 풍부한 사진이 연속으로 편집된 형식을 말한다. 그런데 간접적인 방식은 블로그의 특징을 단행본에 녹여낸 것이어서 위의 사례처럼 표가 나지 않는다. 대부분의 여행에세이가 여기에 해당한다.

블로그형 여행에세이 ········ 여행에세이 출간이 상향곡선을 그리고 있다. 서점마다 목 좋은 곳에서 특별대우를 받는다. 여행에세이에는 특정 지역을 답사하는 일반여행과 유명작가들의 작품과 자취를 찾아가는 예술여행이 있다. 전자는 도쿄, 인도, 티베트, 베이징, 미국, 지중해 등을 여행한 것이고, 후자는 파리, 뉴욕, 페루 등의 문화예술 현장을 여행한 것이다. 대부분의 경우 일반여행에 문화예술체험이 겹쳐 있다.

여행에세이는 무엇보다도 현장감 있는 사진이 생명이다. 사진은 여행지의 느낌을 가장 생생하게 전해준다. 백 마디 설명보다 한 장의 사진이 더 설득력 있다. "언어와 사진은 그 둘 중 한 가지만 소통할 때보다 함께 소통할 때 훨씬 파워풀해질 수 있다." 다큐멘터리 사진가 윌리엄 앨버트 애러드 여행에세이의 맛은 바로 사진을 보는 맛이다(흥미로운 점은 여행에세이 붐과 사진촬영 실용서 붐이 맞물려 있다는 사실이다). 사진의 비중이 큰 만큼, 여행에세이에서 중요한 것은 편집디자인이다. 편집디자인이 책의 표정과 운명을 좌우한다고 해도 과언이 아니다. 독자는 편집디자인 된 글을 읽지, 글 자체만 읽지는 않는다. 사진과 글의 협연에 각별히 신경 써야 한다.

　이런 여행에세이의 특징은 거창한 가치를 앞세우지 않고 순전히 개인적인 체험과 소감을 다룬다는 점이다. 그런 탓에 독자를 가르치려 하거나 계몽하려 들지 않는다. 그저 '나는 이런 경험을 했다'거나 '나는 이렇게 보고 느꼈다' 식이다. 그래서 독자가 부담 없이 보고 읽는 가운데, 여행지에 관한 정보도 얻을 수 있다.

　그렇다면 블로그형 여행에세이 독자층의 성별은 어느 쪽인가? 결론적으로 이런 에세이의 타깃 독자는 여성이다. 90년대의 여행에세이가 10대에서 40대까지 폭넓은 사랑을 받았다면, 2000년대 여행에세이의 독자층은 폭이 좁다. 20대 초반에서 30대 초반의 여성들이 주 독자층이다. 시각적으로 예민한 젊은 여성들을 타깃으로 한 만큼 편집디자인이 감각적인 경향을 띤다. 무뚝뚝하던 책이 갈수록 꽃미남이 되고 있다. 보는 것만으로도 기분이 좋아진다.

'쇼'를 하면 독자가 웃는다 ········· 책은 독자 없이는 '죽고 못 산다.' 따라서 독자가 변하면 책도 변한다. 블로그형 에세이는 독자의 변화된 감성을 발판으로 두각을 보이고 있다. 그래서 시각에 호소하는 사진의 비중이 커졌다. 문자에 익숙지 않은 이미지 세대에게 감각적으로 어필한다. 하지만 감각적인 재미만 좇다가 일정한 깊이를 갖추지 못하면 어떻게 될까? 외면받기 쉽다. 책은 인간을 생각하는 동물로 만드는 매체다. 시각적인 이미지가 제 아무리 붐이라 해도 볼거리만으로 끝나서는 곤란하다. 생각을 자극하는 플러스알파의 요소가 있어야 한다. 그럴 때 블로그형 에세이는 독자의 피와 살이 되고 장수할 수 있다.

　새로운 스타일은 새로운 사람을 요구한다. 싱싱한 이미지가 펄떡이는 책의 호황이 그렇다. 이미지를 능란하게 다룰 줄 아는 기획·편집자의 역할이 중요해진다. 주어진 시각 이미지를 어떻게 해독하고 편집하느냐에 따라 책은 표정이 달라진다. 영상시대의 기획·편집자는 글만 잘 만지는 것으로는 부족하다. 이미지를 다루는 능력이 필요하다.

그렇기는 독자도 마찬가지다. 이미지가 빵빵한 에세이는 글 중심의 에세이와는 다른 독법이 요구된다. 글과 사진의 조화가 생명인 만큼 조형적으로 디자인된 사진과 책 자체를 즐길 필요가 있다. 이제 독서는 단순히 내용을 접하는 것이 아니라 디자인된 내용을 체감하는 것이다.

책은 시대의 산물이다. 사진을 중심으로 한 블로그형 에세이의 확산은 거스를 수 없는 대세로 보인다. 이는 인터넷에 매혹된 독자를 종이매체로 불러내기 위한 하나의 처방이자 1인 미디어의 대중화가 빚은 우리 시대의 출판 스타일이다. 아니, 책으로 조형된 우리 시대의 초상이다.

도판 목록

정민영의 미술책 기획노트

2010년 4월 5일 1판1쇄 발행

지은이   정민영
펴낸이   한기호
펴낸곳   한국출판마케팅연구소
          출판등록 2000년 11월 6일 제10-2065호
          주소 121-841 서울시 마포구 서교동 464-46 서강빌딩 2층
          전화 02-336-5675 팩스 02-337-5347
          이메일 kpm@kpm21.co.kr
          홈페이지 www.kpm21.co.kr
인쇄   예림인쇄
총판   ㈜송인서적 전화 02-491-2555 팩스 02-439-5088

ISBN 978-89-89420-67-5 03300